> »Der eigene Bestimmungsort ist niemals ein Platz, sondern eine Weise, die Dinge neu zu sehen«
> — John Steinbeck

Liebe Leser,

als ich 16 Jahre alt war, nahm mich ein Onkel aus New York zum ersten Mal mit nach Hollywood. Ich weiß noch, wie wir die Häuser all jener Berühmten abgefahren sind, denen unsere Verehrung galt: Thomas Mann, Bert Brecht und besonders Alfred Döblin, über den mein Onkel promoviert hatte.

Zugegeben: Unter Hollywood-Stars stellt man sich etwas anderes vor. Aber die Geschichte der Deutschen, die zur Zeit des Dritten Reichs in amerikanische Exil gingen und zu oft bescheidenen Bedingungen in der Traumfabrik unterkamen, ist eines der spannenden Themen Hollywoods. Das beweist die Geschichte über Fritz Lang, die Sie in diesem MERIAN lesen – der ersten Ausgabe, die einem Stadtteil gewidmet ist.

Seit der Schwabe Karl Lämmle vor knapp 100 Jahren das erste größere Studio – das spätere Universal Picture – gründete, zählten viele Deutsche zu den Motoren der Filmindustrie. So wie der Schwabe Roland Emmerich, in dessen Villa MERIAN-Fotograf Philip Koschel gleich zwei Tage fotografieren durfte. Koschel, der für dieses Heft zwei Monate in Hollywood lebte, und MERIAN-Redakteur Hansjörg Falz lernten dabei viele deutsche Stars und Kreative kennen, die in Hollywood Fuß gefasst haben:

Regisseur Roland Emmerich lud MERIAN in seine Villa ein

von der Schriftstellerin Cornelia Funke über das Model Tatjana Patitz, den Schauspieler Thomas Kretschmann zum weltweit populärsten deutschen Hollywoodstar Eric Braeden – der in Deutschland allerdings nahezu unbekannt ist.

Wenn ich heute in Hollywood bin, schaue ich mir natürlich auch gerne die Villen der Stars in Beverly Hills an. Aber immer noch finde ich, dass nichts den wunderbaren Ausblick übertrifft, den man vom Garten der Villa Aurora hat, des früheren Hauses von Lion und Marta Feuchtwanger.

Herzlich Ihr

Andreas Hallaschka
MERIAN-Chefredakteur

INHALT HOLLYWOOD

10 SKIZZEN Von Stars und Sternen
Wie man einen Stern auf dem Walk of Fame bekommt und den besten Hot Dog findet. Welche Hollywood-Größen Familie in Deutschland haben und wo Schwarzenegger abgestempelt wird

16 PORTFOLIO Ein Kuss für die Seele
Bilder einer Stadt, in der Illusion und Träume Alltag sind

34 VERLIEBT IN das Gaga-Land
In Los Angeles ist es einfacher, einen Regisseur zu finden als einen Handwerker. Christine Kruttschnitt über das Leben in einer Stadt, in der die Ausnahme der Normalzustand ist

40 IM GESPRÄCH MIT Roland Emmerich
Der Starregisseur probte etliche Male den Weltuntergang. Ein Interview über Zerstörungswut und die schönsten Plätze in Hollywood. Plus: Wie Emmerichs jüngster Film »2012« entstand

48 SHOWBUSINESS Die Oscar-Story
Es ist die Nacht der Nächte im Filmgeschäft. Nirgendwo ist das Staraufgebot so groß wie bei der Verleihung der »Academy Awards«. Plus: Die erfolgreichsten Schauspieler aller Zeiten

56 DER ZWEITE BLICK auf das Hollywood Sign
Die neun weißen Lettern am Mount Lee sind das Wahrzeichen der Stadt. Was kaum einer weiß: Es waren mal mehr

60 GESCHICHTE Die Traumfabrik
Im Hollywood der ersten Stunde machten junge Studios Kino für Filmpaläste, die diesen Namen noch verdienten. Plus: Die schönsten Lichtspieltheater am Hollywood Boulevard

66 DENKE ICH AN Fritz Lang, Filmpionier
Professor Cornelius Schnauber erinnert sich an den Meisterregisseur und Freund

70 ZU BESUCH BEI Deutschen in Hollywood
Sie haben es hier geschafft. Sieben erfolgreiche Deutsche aus dem Filmgeschäft sagen: »Wir leben am schönsten Ort der Welt«

82 STREET ART Kunst auf der Straße
Street Art gehört zu den umstrittensten Kunstformen. L.A. ist ihr Zentrum. Rundgang: Die besten Werke und Routen

90 AMBITIONIERT
Los Angeles strebt auch als Kunstmetropole nach den Sternen

98 ENGAGIERT
In der Strasberg-Schule wird an der Filmkarriere gearbeitet

104 ILLUMINIERT Als leuchtendes Band zieht sich der Sunset Boulevard 37 Kilometer durch die Stadt

40

GUT INSZENIERT
Roland Emmerich wohnt genau dort, wo Hollywoods erstes Studio stand. Ein Hausbesuch

48 HOCH DEKORIERT
Ein Goldjunge namens Oscar ist der begehrteste Mann in Hollywood

90 MUSEUM Offen für Experimente
Mit publikumswirksamen Ausstellungen und einem glamourösen Direktorenpaar will das Los Angeles County Museum of Art zum Zentrum für zeitgenössische Kunst aufsteigen

98 KARRIERE Die Schule der Stars
Jeder, der hier lernt, träumt von der großen Karriere. Nur wenigen gelingt sie. Ein Besuch im legendären Lee Strasberg Institute

104 SUNSET BOULEVARD Straße der Träume
Er zieht sich durch ganz Hollywood und verbindet dabei Welten. Auf dem Sunset Boulevard findet sich alles: Ruhm und Elend, Rock' n' Roll und Eleganz

MERIAN KOMPASS

WAS TUN IN HOLLYWOOD?	121
SEHENSWERT von A bis Z	122
KULTUR Museen, Musik und Galerien	130
KOLUMNE Berlinale-Chef Kosslick über Filmkunst	132
ESSEN UND TRINKEN Wo die Stars dinieren	133
ÜBER NACHT Hotels wie im Kino	134
EINKAUFEN Bombastisches für die Prominenz	136
AKTIV Wilde Canyons, weite Strände	138
EXTRATOUR Im Land der hohen Hecken	140
MERIAN KARTE Hollywood und Umgebung	141
GESCHICHTE Der Geburtsort von Kalifornien	144
GUT ZU WISSEN Reiseinfos, Service	144
MEDIEN Bücher und Filme	147
Vorschau	148
Impressum, Bildnachweis	120

Istanbul... the most inspiring city in the world.

Istanbul 2010 European Capital of Culture will further inspire you with its contemporary art and urban culture.

Be a part of this unique experience.

EUROPEAN CAPITAL OF CULTURE
AVRUPA KÜLTÜR BAŞKENTİ

www.istanbul2010.org

istanbul
inspirations

SKIZZEN AUS HOLLYWOOD

1981   1993   1998   2005   2009

Zum ersten Mal in 61 Jahren widmet MERIAN eine ganze Ausgabe einem Stadtteil. Hollywood war aber auch zuvor schon Thema: in drei Heften über Kalifornien und einem über Los Angeles.

MEGACITY
Eine Stadt, viele Namen

Lauter Vorstädte auf der Suche nach einem Zentrum, heißt es über Los Angeles. 12,5 Mio. Menschen (**Los Angelinos**) leben in dieser Stadt, **City of Angels** ist nur einer ihrer Beinamen, manche nennen sie **Southland** (Synonym für »Greater Los Angeles Area«), **Lalaland** (wegen des Showbiz), **Lotusland** (wegen der Vegetation), **Tinseltown** (Glitzerstadt) oder **Bodytown USA** (wegen des Körperkults).

JULIA ROBERTS ist das menschgewordene Hollywood-Klischee: Die erste Rolle bekam sie dank Vitamin B (über Bruder Eric Roberts), vor dem Durchbruch jobbte sie in der Eisdiele und im Schuhladen. Ihre Rolle als »Pretty Woman« machte sie zum Weltstar. Sie war lange die bestbezahlte Frau Hollywoods und ist jetzt auch als Diva in Wachs zu bewundern. www.hollywoodwaxmuseum.com

GEWUSST WIE…
… man einen Stern kriegt

Jeder kann einen Prominenten bei der Hollywood Chamber of Commerce vorschlagen. Aus jährlich rund 200 Anträgen werden etwa 25 Kandidaten ausgewählt. 25000 Dollar kostet der Stern auf dem Walk of Fame, Studios oder Fanclubs zahlen.

»THE WENDE MUSEUM«
Welcome Lenin!

Schon als Kind war Justinian Jampol fasziniert vom Kalten Krieg. Auf Forschungsreisen sammelte der Historiker gut 100 000 Objekte aus dieser Zeit, ein Großteil davon ist in einer Lagerhalle in Culver City, 5741 Buckingham Parkway (B 2) zu sehen. Außerhalb Europas vermutlich die größte Kollektion aus der Zeit des Sozialismus. www.wendemuseum.org

SKIZZEN AUS HOLLYWOOD

FRIEDHOF
Keine Ruhe

»Go away – I'm asleep«, steht auf dem Grabstein von Schauspielerin Joan Hackett. Alles andere als Totenstille herrscht im Sommer auf dem »Hollywood Forever Cemetery« (M6). Der 1899 gegründete Friedhof, auf dem u.a. Jayne Mansfield und Douglas Fairbanks ruhen, ist ein beliebter Platz für Picknick- und Kinoabende.

BLUTSBRÜDER
Bruce und sein Cousin

Da heißt es immer, deutsche Schauspieler spielten in Hollywood kaum eine Rolle. Von wegen. Schauspieler **Kevin Kline** erzählte erst kürzlich von seinem bayerischen Urgroßvater. **Angelina Jolies** Urgroßeltern stammen aus Westfalen. **Uma Thurman** hat deutsch-schwedische Wurzeln (Großvater und Großmutter). **Leonardo DiCaprio** besuchte seine inzwischen verstorbene Oma Helene regelmäßig in Oer-Erkenschwick. **Doris Day** hieß mit vollständigem Namen Doris Mary Ann von Kappelhoff, ihr deutscher Vater war Musiklehrer. **Kirsten Dunsts** Vater wuchs in Hamburg auf. Die Mutter von **Charlize Theron** ist Deutsche, 2004 stellte Theron gar einen Antrag auf deutsche Staatsbürgerschaft (wurde abgelehnt). **Sandra Bullock** lebte bis zum Teenageralter in Nürnberg. Und Actionheld **Bruce Willis** (Foto rechts) ist in Idar-Oberstein geboren. Sein deutscher Großcousin ist auch im Showgeschäft: **Wilfried Glim** (links) ist ein »Wildecker Herzbube«.

PINK'S
Imbiss-Ikone

Jeden Mittag baut sich vor dem Pink's an der Melrose Ave., Ecke La Brea (J 6) eine zwanzig Meter lange Schlange auf. Hot Dogs gibt's hier in allen Variationen, Spezialität des Hauses ist der »Chili Cheese Dog« für 3,50 Dollar: scharf, heiß und berühmt für die Extraportion Käse im Brötchen. Stars wie Eddie Murphy warten in der Limousine, der Chauffeur steht für ihn an.

ZAHLENSPIELE

Die Verleihung der Academy Awards fand bis jetzt an **10** verschiedenen Orten statt. Michael Jackson's Stern auf dem Walk of Fame hat die Nummer **1793**. Ein Gesetz aus vergangenen Zeiten: Bis 1910 war es illegal mehr als **2000** Schafe über den Hollywood Blvd. zu treiben. **130 000** Schauspieler sind bei der Screen Actors Guild gemeldet, davon haben gerade mal 10 Prozent einen regelmäßigen Job. **10 000 000** Touristen besuchen jährlich Hollywood.

Costa

Die Nr. 1 in Europa

Nordland & Baltikum
Mai bis August 2010 p. P. ab
699,–
zzgl. Servicentgelt*

Entdecken. Erleben. Entspannen.

Über 60 Jahre Erfahrung und Kreuzfahrttradition machen sich bemerkbar. Für uns in 98 % Gästezufriedenheit, für Sie mit weltweit höchstem Niveau. Dafür wurden wir bereits vielfach ausgezeichnet: für den deutschsprachigen Service an Bord und bei Landausflügen, für überdurchschnittlich große Kabinen, für absolute Zuverlässigkeit und für unsere kulinarischen Highlights. Und natürlich für unsere ganz persönliche Liebe zum Meer. Denn Costa setzt sich seit jeher für den Schutz der Natur ein. Deshalb haben wir als erste internationale Kreuzfahrtgesellschaft den „Green Star" für die Einhaltung allerhöchster Umweltstandards erhalten.

14 Schiffe – 100 Routen – 250 Reiseziele weltweit
deutschsprachiger Service – deutschsprachige Landausflüge

Buchung und Beratung in Ihrem Reisebüro.
www.costakreuzfahrten.de

*Zzgl. Servicentgelt: € 7,– p. Erw./Tag bei Kreuzfahrten bis 8 Tage Dauer, € 6,– p. Erw./Tag bei Kreuzfahrten ab 9 Tagen Dauer. Weitere Informationen im Costa Katalog 2010.

SKIZZEN AUS HOLLYWOOD

HOLLYHOCK HOUSE
Maya-Tempel

Schillernd, innovativ, stilbildend: Der Architekt Frank Lloyd Wright (1867-1959) entwarf mehr als 450 Bauten, darunter das New Yorker Guggenheim-Museum. Leidenschaftlich gern entwickelte er Wohnhäuser, sieben davon stehen in Los Angeles. Monumentales Meisterwerk ist das 1921 vollendete Hollyhock House auf dem Hollywood Blvd. (P4). Präkolumbianische Ornamentik prägt das Gebäude, das an einen Maya-Tempel erinnert. Die abstrakten Verzierungen sollen Stockrosen (englisch: hollyhocks) darstellen, die Lieblingsblumen der Auftraggeberin Aline Barnsdall. www.hollyhockhouse.net

STARKULT
Tausche Arnie gegen …

Der in der Steiermark geborene kalifornische Gouverneur Arnold Schwarzenegger ist ein Star mit eigener Marke. Seit 2004 akzeptiert Österreichs Post sein Konterfei als Zahlungsmittel. Noch exotischer sind Briefmarken mit Marlene Dietrich (Ghana), den »Friends«-Stars (Tadschikistan) und Richard Gere (Kirgisien).

L. A. VERSTEHEN
Das ist ja »off the hezzie«

Ganz aktuell: Auszüge aus dem neuen Slang-Wörterbuch der University of California, Los Angeles (UCLA).

Obama	toll!
Fro-yo	Frozen yogurt
skrilla	Geld
to blaze	Marihuana rauchen
destroy	gut abschneiden
presh	edel, teuer
bromance	enge, platonische Freundschaft zwischen Männern
bellig	aggressiv und betrunken
off the hezzie	cool
schwa	wow!

BRONSON CAVES
Kulisse für den letzten Dreh

Nobody is perfect, auch Hollywood nicht. Manchmal muss nachgedreht werden, und wenn sich der Original-Set in der Prärie, Utopia oder am Ende der Welt befindet, behilft man sich aus Kostengründen mit der Fahrt zu den Bronson Caves (N1) im südwestlichen Teil des 1700 Hektar großen Griffith Park. »Star Trek« und »Bonanza« spielten schon hier, mitten in Los Angeles. Selbst das Batmobil wurde in den Höhlen versteckt. Zu Beginn des 19. Jhs. baute die Union Rock Company an dieser Stelle Steine ab.

Frances Schoenberger kam vor 35 Jahren als Reporterin nach L.A. Damals gaben die Stars noch spontan Interviews

hatte. Als ich 1974 von New York nach Los Angeles zog, gab es hier noch keine Paparazzi. Aber früher gab es auch diese Zeitschriften nicht, die über Stars berichten, ohne je mit ihnen gesprochen zu haben. In L.A. war ich eine der ersten ausländischen Reporterinnen. Ich verabredete mich mit Jack Nicholson zum Interview – aber keine deutsche Zeitschrift wollte den Text drucken. Aus Desinteresse. Erst mit dem Erfolg von TV-Serien wie »Dallas« und »Denver Clan« begann der Rummel. Linda Gray, die Sue Ellen aus »Dallas«, traf ich bei Saks Fifth Avenue in Beverly Hills, als sie aus der Damenumkleide kam, und fragte sie spontan nach einem Interview. Wenig später saß ich bei ihr zu Hause. Heute wäre das undenkbar. Wer Stars treffen will, muss erst eine Mauer von PR-Agenten durchbrechen, um dann, mit Glück, ein Einzelinterview oder, mit Pech, ein Gruppeninterview zu bekommen. Denn die Hauptaufgabe dieser Agenten ist es, den Stars die Medien vom Hals zu halten und vor zu viel Publicity zu schützen. Ich bin mit vielen Prominenten befreundet. Arnold Schwarzenegger ist Patenonkel meiner Tochter, Leonardo DiCaprio stellte mir vor vielen Jahren seine Mutter vor, und wir haben schon wunderbare Tage in ihrem Haus in Malibu Beach verbracht. Trotzdem halte ich auch für Interviews mit ihnen den offiziellen Weg ein. Sonst kommt man auf die schwarze Liste.

Bis bald,
Frances Schoenberger

Für Bravo *und* stern *traf Frances Schoenberger die erste Garde Hollywoods. Sie ist Mitglied der Hollywood Foreign Press Association, die die Golden Globes vergibt.*

MAIL AN MERIAN
Von: Frances Schoenberger
Betreff: Stars und Agenten

Liebe Redaktion,
als ich neulich aus dem Urlaub nach Hause zurückkehrte, war die Einfahrt zu meinem Grundstück im Macapa Drive blockiert. Lauter aufgeregte Paparazzi verfolgten mit wild blitzenden Kameras eine Person. Es war Megan Fox, das neue Super-Sternchen am Hollywood-Himmel. Später erfuhr ich, dass sie ein Nachbarhaus besichtigt

Private Schnappschüsse
Schoenberger mit …
Uma Thurman · Brad Pitt · Angelina Jolie · Daniel Craig · Arnold Schwarzenegger und Schoenbergers Tochter Daisy · Cate Blanchett

»Hollywood ist ein Ort, wo sie dir 50 000 Dollar für einen Kuss und 50 Cent für deine Seele zahlen.« Marilyn Monroe zugeschrieben

ALLE FOTOS **PHILIP KOSCHEL**

Neun Buchstaben, strahlend weiß, jeder über 15 Meter hoch. Vom Hollywood Sign aus überblickt man den Mount Lee, die Santa Monica Mountains und das Hollywood Reservoir

»Das Mädchen war made in Hollywood. Von Beruf war sie blond.«

Aus dem Film »Die barfüßige Gräfin« mit Humphrey Bogart und Ava Gardner

Sie nennen sich »Impersonator« und leben am Walk of Fame davon, in eine andere Identität zu schlüpfen. Schnappschüsse von »Marilyn« gibt's für einen Dollar. Wer mit aufs Bild will, zahlt 40 Dollar

»Kunst, das ist die höchste Form von Betrug.«

Aus dem Film »Bullet« mit Mickey Rourke

Tonnen- und millionenschwer steht der blaue Hund des amerikanischen Künstlers Jeff Koons im Broad Contemporary Art Museum

Ein Meisterwerk, optisch wie akustisch, ist die vom Architekten Frank Gehry entworfene Walt Disney Concert Hall in Downtown L.A.

»Wenn wir einen Hai suchen, werden wir ihn kaum an Land finden.«

Aus dem Film »Der weiße Hai« mit Roy Scheider

Der weiße Hai in den Universal Studios jagt allenfalls noch Kindern Angst ein. Dass die Filmfabrik für Besucher geöffnet ist, hat Tradition. Schon der Gründervater Carl Laemmle begrüßte Gäste

Wer in Malibu ein Strandhaus besitzt, kommt so gut wie sicher in den Genuss von 330 Tagen Sonne im Jahr. Der Preis für diese Lage: fünf Millionen Dollar pro Haus

»Die Sonne ist für alle da,
der Strand nur für die,
die es verdient haben.«

Aus dem Film »City of God« von Fernando Meirelles

»Es ist keine Kunst, Geld zu machen.«

Aus dem Film »Citizen Kane« von Orson Welles

Schon Julia Roberts musste in »Pretty Woman« lernen: Für Normalsterbliche sind diese Shops tabu. Das Flanieren auf dem Rodeo Drive ist ein Erlebnis. Wer die Straße auf und ab geht, stellt fest: Die Verkaufsräume der Designerketten sind verwaist. Hier wird lediglich das Image gepflegt

»Das sind keine Menschen, Schatz, das sind Models.«

Aus dem Film »30 über Nacht« mit Jennifer Garner

Nicole serviert im »Ruby's«, einem Diner im Retrolook der 1940er Jahre am Ende des Malibu Pier. Ein Übergangsjob. Sie will Schauspielerin werden

Die chromblitzenden Bikes von »Powerplant Choppers« in der Melrose Ave. sind Kult, den man sich was kosten lässt: 25 000 Dollar für ein maßgeschneidertes Motorrad

Von dem Aussichtsbalkon der Sternwarte im Griffith Park, 1935 eröffnet, ist der Blick spektakulär. Auf den Pazifik und die Metropolregion Los Angeles mit ihren 12,5 Millionen Einwohnern

»Ich lebe in Los Angeles und hatte bisher sieben Herzinfarkte. Alle eingebildet.«

Aus »L.A. Story« mit Steve Martin und Sarah Jessica Parker

»Aufstehen und lächeln, es ist ein schöner Tag!«

Aus »Armageddon« mit Bruce Willis und Billy Bob Thornton

Ein T-Rex wacht über dem »Ripley's Believe It or Not« auf dem Hollywood Blvd. Im Museum ein bizarrer Mix: Exponate von der Minigolfbahn bis zu Schrumpfköpfen

Kurze Pause am Lee Strasberg Institute. Schauspielschülerin Cascade Brown mit Eiskaffee, Zigarette und Telefon beim Sonnenbad

Auftreten in Venice Beach
Studieren am Strasberg Institute
Durchstarten nach einem Drink
Trauern um den King of Pop
Haut zeigen in Malibu
Strahlen wie der Präsident
Aufpassen in Malibu
Posieren in Venice Beach
Lächeln am Sunset Boulevard

Fotos: Phillip Kaeufel

VERLIEBT IN HOLLYWOOD

Glücklich im Gaga-Land

**Nirgendwo sonst ist der Optimismus so unerschütterlich wie hier,
wo Yoga als Religion gilt und das Alter abgeschafft wurde.
Christine Kruttschnitt über das Abenteuer Alltag in Hollywood**

Kürzlich habe ich meinen Dachboden ausbauen lassen. Von einem Filmregisseur. Nicht, dass ich auf diese Tatsache Wert gelegt hätte – es ist nur einfach so, dass man in Los Angeles leichter einen Filmregisseur findet als einen Handwerker. Er erzählte von seiner Teilnahme am Filmfestival in Karlsbad und vom Hauptdarsteller seines Werks, dem Bruder von Julia Roberts. Wenn er von Kollegen sprach, meinte er nicht andere Zimmermänner, sondern Steven Spielberg. Als ich mich nach dem Preis erkundigte, bekam er einen träumerischen Blick und wisperte vom Oscar.

»Der Mann auf dem Dachboden ist Filmregisseur«, sagte ich wichtigtuerisch zu dem blendend aussehenden Gärtner, der die Platanen vor meinem Haus stutzte. Er schnallte seinen Werkzeuggürtel um wie ein Cowboy den Colt und schnaufte kurz durch die Nase. »Ach ja? Wie viele Zuschauer?« Als ich darauf keine Antwort wusste, warf er mir einen viel sagenden Blick zu. »Mein Film lief wochenlang in einem kleinen Kino in Santa Monica«, sagte er und kletterte auf den Baum, und als er fast in der Krone stand, rief er trotzig zu mir herunter: »Hunderte waren begeistert.« Auch der Gärtner also war in Wahrheit Filmemacher; dito meine Nachbarin von gegenüber, vordergründig Rentnerin, die eines Nachts einen Überfall auf ihr eigenes Haus als Kurzfilm inszenierte (ich hütete derweil ihren aufgewühlten Hund). Und die ältere Dame an der Ecke hat schon bei den »Waltons« mitgespielt, eine echte Schauspielerin. Sie wirkte immer leicht irre auf mich (als ich ihr einmal verstört erzählte, dass eine Klapperschlange in meinem Garten lag, klatschte sie in die Hände wie ein Kind im Kasperletheater und jubelte: Wie wunderbar!); aber seit ich weiß, womit sie einst ihr Geld verdiente, wundert mich nichts mehr, auch nicht, dass sie bei 18 Grad Celcius mit Strickhandschuhen und Daunenjacke spazieren geht (»I am a California Girl!«, ruft sie kokett und kichert).

Jawohl, ich lebe in Los Angeles. In La-La-Land, im Gaga-Gebiet. In Hollywood. Letzteres ist natürlich Unsinn, weil mein Häuschen an einer Bergstraße in Bel Air liegt – aber für die meisten Leute ist Hollywood eben nicht das tatsächliche Stadtviertel in Los Angeles, sondern ein Zustand. Ein Ausnahmezustand sogar, in welchem sich das Zentrum von Südkalifornien inklusive Surferparadies Malibu rund um die Uhr befindet. Jenseits aller Geografie ist Hollywood einfach da, wo die teuren Filme und verrückten Ideen herkommen, wo Schönheitschirurgen und Make-up-Künstler als Halbgötter verehrt werden, wo Pilates als Kultur und Yoga als Religion gelten, wo der Hula-Hoop-Reifen erfunden und das Alter abgeschafft wurden. Ich habe in den paar Jahren, die ich jetzt hier lebe, mehr über Fußknöchelfettabsaugmethoden und Vaginalverjüngung gelernt, als ich je zu wissen wünschte, und meine Kenntnisse über den Stand der Beziehungen in den Häusern Cruise-Holmes oder Garner-Affleck sind fundamental, wenn auch nur per Osmose erworben. In den Medien vor Ort wird nämlich überwiegend die Prominenz abgehandelt. »Breaking news« hat fast immer damit zu tun, dass Nicole Richie von einem Paparazzo angefahren wurde oder Justin Timberlake eine Neue hat. Man kann sich gar nicht dagegen wehren – ein Abend vor dem Fernseher mit »Access Hollywood«, und selbst die Namen der Haustiere von B-Zelebritäten gleiten einem flüssig von den Lippen.

Wie geht es Angelina?«, fragen meine Freunde in Deutschland manchmal, so als teilten Frau Jolie und ich jeden Tag eine Fango-Packung (merke: Wer in »Hollywood« lebt, wird automatisch Teil des großen glamourösen Ganzen, so als hätten Menschen, die nach Washington ziehen, Zugriff aufs rote Telefon). »Ich sehe sie nie«, antworte ich dann und seufze: »Sie ist ja ständig unterwegs.« – »Und George Clooney?«, fragen meine Freunde

www.merian.de **MERIAN** 35

eifrig, »wann hast du den zuletzt gesehen?«– »Beim Spa-ghetti-Essen«, erwidere ich lässig und lüge nicht. Ver-schweige aber, dass er fünf Tische weiter saß.

Es ist der Glanz der Wenigen, der die Vielen anzieht: In erster Linie ist Hollywood ein Ort, an den jährlich hunderte, tausende bildschöner junger Menschen pil-gern, weil sie dort reich und berühmt werden wollen. In der Übergangszeit, die bei den meisten bis zum Lebensende dauert, fangen sie erstmal an mit Blondieren, Joggen und Diäten. Zu diesen Zugereisten gehöre ich nicht. Ich bin hier, um über jene bildschönen Menschen zu berichten – diejeni-gen, die es geschafft haben, nicht die, die immer noch kell-nern und in Friseursalons die Fusseln zusammenfegen und auf die alles entscheidende Begegnung hoffen: Die Tür geht auf, und Martin Scorsese oder Michael Bay kommt herein und sagt: »Hallo, schönes Kind, Sie sehen aus wie der Star für meinen nächsten Film, haben Sie schon mal daran ge-dacht, Schauspielerin zu werden?« Und dann öffnet sich der Himmel, und es regnet Schweinswürste und Stradivaris, und ein Chor von Eichhörnchen singt Tannhäuser.

Glück muss man haben! Der Glaube daran ist nirgendwo so unerschütterlich wie hier, wo beständig die Erde unter den Füßen wankt. Dieser ewige Optimismus, sagen meine Freunde in Deutschland, kann einem ganz schön auf den Wecker gehen. Amerikaner seien naiv. Erzählen dir gleich nach dem ersten Hallo, dass sie Ess-Brech-Sucht haben und dank Viagra formidablen Sex. Aber deinen Namen haben sie schon wieder vergessen. Und der viel zitierte »American Spirit« sei ein Mythos. In Los Angeles gäbe es auch nicht

im Speziellen. Sei doch alles falsch, alles künstlich, alles so Hollywood. Von den faltenfreien Mienen über die Honig-melonen-Dekolletés bis zum gezwitscherten Have-a-nice-day. Und immer dieses Gewese um Film und Ruhm, als gäbe es nichts Wichtigeres auf der Welt. Dabei stoße Hollywood nur noch hirnlose, kalt manipulative Massenware aus, bei-leibe keine Filmkunst.

»Ja, ja«, murmele ich. »Stimmt schon.«

Los Angeles ist in der Tat ein absurder Ort. Viel zu viele Menschen drängen sich auf diesem unruhigen Flecken Erde, zapfen mühsam Wasser aus entlegenen Regionen ab und verteilen es in ihrem Wüstenklima, auf dass tropische Gärten um ihre Millionenvillen wachsen und ihre Pools stets kühl und blau der stechenden Hitze trotzen. Bevor ich hierher zog und einen eigenen Garten zu bewässern hatte, war mir gar nicht bewusst, dass das satte Grün binnen weni-ger Tage in seine braune, spröde Wüstennatur zurück-schrumpft, wenn man es nicht beständig begießt. So trocken sind die Berge und Canyons, dass die Angelenos die alljähr-liche Ankunft der Santa-Ana-Wüstenwinde fürchten wie Hollywood-Schauspielerinnen runde Geburtstage: Heiß wie Raubtieratem faucht die Luft der Küste entgegen, reißt Strommasten um, fegt Funken kilometerweit übers Land. Es gibt Gegenden, die so häufig und heftig von diesen Win-den heimgesucht werden, dass sich jede Versicherungsge-sellschaft weigert, Verträge für den Brandfall abzuschlie-ßen. Gebaut wird dort trotzdem. Gelebt wird dort trotzdem. Wie sagen die Kalifornier? Wird schon nicht so schlimm.

Das sind unsere vier Jahreszeiten, scherzt meine Nach-barin: Waldbrände, Erdbeben, Schlammlawinen und Dürre.

Die Angelenos nehmen ihre missli-che Lage mit Humor. Erdbeben unter Stärke 4,0 – da fallen schon mal Teller aus den Küchenschränken und leicht-knochige Menschen vom Sofa – wer-den als Schluckauf der Kontinental-platte verbucht, nichts Ernstes. »Hab

Hab' immer Trinkwasser und eine Taschenlampe im Haus!

mehr Erfolgstypen, Self-Made-Millionäre, selbsternannte Stars, Träumer, Spinner und Sich-Selbst-Erfinder als an-derswo. »Ja, stimmt schon«, murmele ich dann und denke an den blendend aussehenden Gärtner, der gerade an sei-nem zweiten Spielfilm arbeitet: einer Lovestory unter Sur-fern, am Ende kommt ein Hai. Er ist überzeugt, dass es ein Blockbuster wird.

»Wie hältst du es da bloß aus?«, fragen die Freunde in Deutschland manchmal. Wohlweislich, nachdem sie vier-zehn Tage in meinem Gästezimmer verbracht und herrliche Ausflüge nach Malibu und Disneyland und in die Berge und die Universal Studios erlebt haben. Sie drängten in Restau-rants, »wo man Stars gucken kann!«, und ließen sich vor Grauman's Chinese Theatre am Hollywood Boulevard mit dem dümmlichsten Glücksgrinsen der Welt an der Seite von Darth Vader fotografieren. Aber kaum zurück im heimi-schen Tiefdruckgebiet bemängeln sie die Oberflächlichkeit der Amerikaner und die »Fake«-Mentalität der Kalifornier

immer ein paar Gallonen Wasser und eine Taschenlampe im Haus!«, warnen meine Nachbarn. »Tank immer voll, du weißt nie, wie lange du unterwegs bist nach der Katastro-phe.« – »Welche Katastrophe?«, frage ich. Sie rollen mit den Augen. »The Big One!«, rufen sie, »das große Beben. Es kommt!« Irgendwann. Und dann erklären sie, dass ein Einspielergebnis von 20 Millionen Dollar für einen Bruce-Willis-Film eine echte Katastrophe ist.

Das nächste Mal, wenn die Freunde in Deutschland mich fragen, wie es ist, in diesem Filmwahn-Jugendwahn-Schönheitswahn-Fitnesswahn-Autowahn-Wahnsinn zu leben, werfe ich ihnen ein einschüchterndes Wort an den Kopf, das wir im vergangenen Sommer gelernt haben: Pyrocumulus. Das war eine gigantische Rauchwolke, die mit biblischer Wucht in den stahlblauen Himmel wuchs. Apoka-lyptisch wie ein Atompilz, bedrohlich, entsetzlich. Wun-derschön. Genährt vom größten Waldbrand seit Dekaden,

VERLIEBT IN HOLLYWOOD

Tausende waren auf der Flucht. Wir anderen, die wir uns sicher wähnten in unseren grotesken Holzhäuschen, die sich unter dichtes Laubwerk ducken und nur durch eine gnädige Laune der Natur diesmal übersprungen wurden von den Flammen – wir alle starrten und staunten und schämten uns, wie prächtig wir das Schauspiel fanden. So Hollywood. Und dabei ganz echt.

Ja, ich kenne jedes Haustier in meiner Straße mit Namen!

Vielleicht, weil das Land hier einfach ins Meer fällt und der Pioniergeist, der die Nation in den Westen treibt, zur Ruhe kommen und seine ganzen Versprechungen und Träume endlich einmal wahr machen muss, setzen die Angelenos allen Widrigkeiten so ein entschiedenes TROTZDEM entgegen. Hier, wo alles zu Ende ist, muss der Neuanfang doch klappen! Egal wie! Ja, es wird bald wieder mächtig rumsen, die Seismologen rechnen mit einem starken Erdbeben innerhalb der nächsten zehn Jahre. Ja, das Wasser wird knapp – seit Juni 2009 gelten für alle Haushalte Spargesetze, wir dürfen nur noch an zwei Tagen in der Woche den Rasen sprengen. Ja, und wenn es dann mal regnet, entsteht zuverlässig ein Chaos: Autofahren auf nassen Straßen ist den Angelenos als Verkehrssituation in etwa so vertraut wie das Fahren auf Olivenöl, und von den verbrannten Hügeln rutschen Erde und rußige Äste und begraben die gerade vom Feuer verschonten Häuser unter Massen aus Schlamm. Vielen Dank auch.

Trotzdem.

An den Boulevards winken Palmen, tagein, tagaus. Dorf reiht sich an Dorf, von Beverly Hills bis Santa Monica, und doch hält ein generöser Geist das ganze Völker- und Sprachen- und Kulturengewimmel zusammen. »Ich kenne jeden in meiner Straße mit Namen – ja, auch die Haustiere – und kann doch nie vergessen und nie verdrängen, dass ich in einer Millionenmetropole lebe«, sagt meine Nachbarin, als ich sie frage, was sie an Los Angeles positiv findet. Wir machen eine Liste. Auf der Plus-Seite steht: Nicht alles, was aus Hollywood kommt, ist schlecht. Man denke nur an George Clooney. Zweitens: Eine Stadt, die sich auf Flipflops bewegt, kann zumindest nicht als verbiestert gelten. Dann male ich eine Sonne. Ohne Worte. Und wir trinken Limonade mit Zitronen vom eigenen Baum und knicken die Minus-Liste.

Der Pyrocumulus, er ist wie Los Angeles. Himmel und Hölle zugleich in einem heißen Atemzug. Kurz nachdem die Rauchsäule in einen dichten, beißenden Schwaden zusammengefallen war, fuhr ich frühmorgens hinauf zum Mulholland Drive. Die berühmte Straße, gesäumt von den Villen der Stars im Osten und im Westen für viele Meilen aufgelöst in Staub und Steine, windet sich auf dem Kamm der Bergkette wie Marilyn Monroe (so hat einmal ein Los-Angeles-Kenner und -Liebhaber geschrieben, was nicht immer das Gleiche ist). Jenseits des Bergs öffnet sich das San Fernando Valley, eine sonnendurchglühte, von Straßen karierte Ebene, die unglamouröse Hälfte der Stadt. An diesem Morgen stieg Rauch aus den Wäldern am Horizont. Im Radio meldeten sie, das Feuer sei nur zu 40 Prozent unter Kontrolle. Über dem Tal hing der schmutzig-braune Schwaden, der zu glühen begann, als die Strahlen der gerade aufgehenden Sonne ihn trafen. Wieder ein ziemlich spektakulärer Anblick. Ich musste husten. Auf meinem Auto lag Asche.

Einer meiner oberflächlichen amerikanischen Freunde rief mich an, Kalifornier sind Frühaufsteher. Ob noch alles steht, wollte er wissen. Ich wiegelte ab, das Feuer sei nicht richtig nahe gekommen.

Er brummte, so was könne schnell gehen. Das Haus seiner Großeltern sei in fünf Minuten abgebrannt.

»Heute Nacht?«, fragte ich entsetzt.

»Vor 25 Jahren. Sie haben an genau der selben Stelle ein neues Haus gebaut.«

»Steht das heute noch?«

»Nein. Ein Erdrutsch hat es zerstört. Sie waren gerade Segeln und konnten es gar nicht fassen. So viele Katastrophen auf einmal.«

»Wo leben sie heute?«

»Na, dort«, erwiderte er belustigt. »Wo sonst? Im dritten Haus. Sie sagen, ich werde es erben.«

»Oh, viel Glück.«

»Wieso? Was kann noch kommen?«

Ich stand auf dem steinigen Weg, in den sich der mondäne Mulholland Drive verwandelt. Gangster haben hier früher Leichen abgeworfen; wahrscheinlich tun sie es heute noch. In der Ferne sah man den Ozean dunstig schimmern. Ich ließ den Hund von der Leine, und wie ein Pfeil schoss er an den Fuß der nächsten Hügel. Ein Kojote saß dort drüben im ersten Sonnenschein.

Außer mir war kein Mensch im Canyon. Über dem Meer kein Wölkchen am Himmel, kein Regen in Sicht. Es wurde warm, es dämmerte ein wunderschöner Tag über Los Angeles. Wie immer.

Christine Kruttschnitt berichtet seit 2004 als Korrespondentin des *stern* aus Los Angeles. Ihre Alltagserfahrungen hat sie unter dem Titel »Strange! Allein unter Amerikanern« im DuMont-Verlag veröffentlicht. Und ihr Hund Georgie ist so dressiert, dass er vor Klapperschlangen warnt.

DIE FOCUS HÖRBUCH-EDITION KOMPETENZ & KARRIERE.

Teamarbeit, Small Talk und die Fähigkeit zu delegieren: Diese sogenannten Soft Skills sind heute im Beruf ebenso wichtig wie fundiertes Fachwissen. Für die FOCUS Hörbuch-Edition Kompetenz & Karriere hat die FOCUS Wirtschaftsredaktion deshalb für Sie die besten Ratgeber ausgesucht. Verbessern Sie Ihre Kernkompetenzen und geben Sie Ihrer Karriere neuen Schub – mit der FOCUS Hörbuch-Edition Kompetenz & Karriere.

WÄHLEN SIE IHRE PERSÖNLICHE EDITION AUS FOLGENDEN TITELN:

- Gute Rhetorik
- Effektives Delegieren
- Erfolgreiche Problemlösung
- Erfolgreiche Teamarbeit
- Zielorientierte Mitarbeitergespräche
- Erfolgreiche Business-Telefonate
- Konstruktives Kritisieren und Anerkennen
- Optimale Selbstorganisation
- Erfolgreiche Stressbewältigung
- Professionelles Verhandeln
- Professionelles Moderieren
- Die richtige Entscheidung
- Zeitmanagement für Chaoten
- Mehr Motivation
- Umgang mit schwierigen Kollegen
- Intelligente Schlagfertigkeit
- Ihre Gehaltserhöhung
- Ihre Jobsicherheit
- Perfekter Small Talk
- Erfolgreiches Networking

Lizenzausgabe des Gabal Verlags.

5 CDs 59,– €

10 CDs 99,– €

Tel. 0180 5 160 800 30 € 0,14/Min. aus dem Festnetz der Deutschen Telekom; abweichende Preise aus den Mobilfunknetzen

FOCUS EDITION

Posen am Pool: der Hausherr vor seiner Villa. Auf dem 1,7 Hektar großen Grundstück stand früher die erste Filmfabrik Hollywoods

IM GESPRÄCH MIT ROLAND EMMERICH

GANZ

Seit »Independence Day« zählt Roland Emmerich zu den erfolgreichsten Regisseuren aller Zeiten. Das neueste Werk des Oscar-Preisträgers heißt »2012« und zeigt – einmal mehr – den Weltuntergang. Ein Gespräch über die Ursachen von Emmerichs Zerstörungswut

GROSSES KINO!

TEXT **BRIGITTE STEINMETZ** FOTOS **PHILIP KOSCHEL**

Stilvoll überladen: Emmerichs Haus ist typisch Old Hollywood – ein maurisch-mediterraner Mischmasch mit einer Spur English Tudor

»Ich habe dieses Haus bewusst gewählt. Es ist die Urzelle von Hollywood.«

 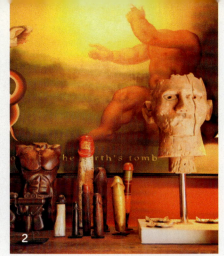

1 Charmantes Ambiente: Roland Emmerich traf MERIAN-Autorin Brigitte Steinmetz im Zen-Garten seiner Villa
2 Pikante Sammlung: Im Esszimmer stehen Fruchtbarkeitssymbole aus aller Herren Länder

Der Weg zur »Casa Emmerich« führt über üppig bepflanzte Hügel. 1,7 Hektar groß ist das Grundstück. Think Big. Viel Platz für weltvernichtende Phantasien. Aus dem Runyon Canyon nebenan weht Hundbellen herüber. Der Dog Park ist beliebt bei den Stars, die in der Gegend wohnen, weil Hunde hier leinenlos laufen dürfen, während Personal Trainer ihre Herrchen über den Hügel treiben.

Ohne die vielen nachträglich auf dem Grundstück verteilten Palmen hätte der Hausherr einen cinemaskopischen Ausblick auf West Hollywood und Los Angeles. Links unten schimmert in der Morgensonne ein Pool, im kreisförmigen Vorhof der Villa plätschert ein römischer Springbrunnen. Mild lächelnde Buddhas grüßen auf den Stufen, die zum Eingang der zweistöckigen Villa führen. Von außen wirkt das Wohnhaus typisch Old Hollywood, ein Stil-Mischmasch aus Maurisch, Mediterran und einer Spur English Tudor.

»Roland ist noch beim Sport«, sagt Matt, Roland Emmerichs Mädchen für alles. Wie jeden Morgen, von neun bis zehn, da ist er eisern. Ob wir uns eine Stunde die Zeit vertreiben mögen, aber ja, schauen Sie sich ruhig um, da drüben ist die Küche, hier die Bibliothek, oben das Arbeitszimmer, die Gästezimmer, nur zu. Auch eine Art, sich ohne Worte vorzustellen.

Ließe Roland Emmerich allein sein Haus für sich sprechen, niemand käme auf die Idee, dass hier der »Master Of Disaster« wohnt, der gerade am letzten Schliff seines neuesten gewaltigen Weltuntergangswerks »2012« (siehe Seite 53) sitzt. In den hohen, offenen Räumen seiner schönen Villa in den Hügeln über der Stadt herrscht nämlich die Ruhe eines Resorts. Es riecht heimelig nach Zimtschnecke. Backt wer? Nein, Duftkerzen. Im Flur flankieren zwei antike Rollstühle einen schmalen Tisch, auf dem ein Mini-Space-Age-Fernseher wie ein Kunstobjekt ausgestellt ist. Der Fernseher für den Gebrauch ist natürlich Flatscreen, aber sehr diskret in der Ecke des Wohnzimmers platziert. Daneben ein Stuhl, aus Schusswaffen geschmiedet. Alle Räume gehen offen ineinander über, es ist ein Haus für Gäste und Gespräche, jedes Einrichtungsdetail regt zum Reden an. Neben dem Kamin blickt ein Hund auf Stelzen auf ein hüfthohes Modell der Freiheitsstatue hinab, ein Requisit aus »Independence Day«. In der Ecke, beinahe verschämt, eine Vitrine mit Auszeichnungen. Auch ein »Umwelt-Medienpreis« für den Klimakatastrophenfilm »The Day After Tomorrow«. Oben im Arbeitszimmer, das Emmerich nie benutzt, liegen die Filmklappen aus 20 Jahren Hollywood. »Godzilla«. »Der Patriot«. »Universal Soldier«. Wüsste man nichts über den Bewohner, man könnte ihn auch für einen Galeristen mit einem Faible für Propagandakunst halten. Überall Mao-Büsten und Figürchen. Der Hausherr hat Humor. Auf dem Telefontisch ein dicker Schinken mit dem Titel »Roland's Little Black Book«. Im Gewürzregal chinesische Porzellanfässchen mit »Opio«, »Cogaina« und »Marihuana«.

Die Küche ist das Reich von Digna, einer mütterlichen Latina aus Honduras. Wir haben oft Gäste, sagt Digna, manchmal lädt Mister Emmerich spontan zwanzig Leute zum Dinner ein. Sogar Hillary Clinton war schon hier, im Juni 2007, da überließ ihr Boss der »Lesbian, Gay, Bisexual and Transgender«-Community sein Anwesen für eine Fundraiser-Party zugunsten der Präsidentschaftskandidatin. Der Gastgeber war nicht anwesend; dafür ließ sich seine

»Wenn man mich fragt, wo ich denn in Hollywood wohne, sage ich immer: Right next to the Queen«

Schwester Ute, Nachbarin, Vertraute und Partnerin in Emmerichs Produktionsfirma »Centropolis«, mit Senatorin Clinton am Pool fotografieren.

Er ist der netteste Boss, den man sich wünschen kann, schwärmt Digna, während sie Espresso bereitet. »Macchiato? Mit fettarmer oder Vollmilch?« Matt meldet: »Roland wird in zehn Minuten eintreffen«, später komme noch ein Fernsehteam,

IM GESPRÄCH MIT ROLAND EMMERICH

das Roland Emmerich auf dem Weg ins Studio filmen werde. Und übermorgen müsse der Chef nach Japan, eine Pressekonferenz für »2012«. Ja, ja, immer auf dem Sprung, so sei Rolands Leben, sagt Digna.

Wir nehmen den Espresso in der Bibliothek. Auf dem Coffeetable prächtige Bildbände. »The Story of Hollywood«. »Julius Shulman – Modernism Rediscovered«. Ganz oben drauf ein vielgelesenes Exemplar von Hermann Hesse, »Narcissus and Goldmund«. Sieh an. Erwischt.

Der Hausherr steht unter der Tür. Frisch geduscht und trotz silberner Haarkappe in Jeans und Ringelshirt viel jünger wirkend als 53 Jahre. Belustigt über die Neugierigen in seinem Lesezimmer. Wo wir uns unterhalten wollen? Vielleicht im Zen-Garten hinter der Villa. Einfache Holzbänke mit marokkanischen Kissen, bewacht von zwei steinernen Kühen aus Indien. Genau die richtige Kulisse für ein Gespräch über den Geisteszustand, den sie Hollywood nennen.

MERIAN: Herr Emmerich, Sie leben im Himmel über Hollywood, aber wollen nichts von da unten sehen. Ist das symptomatisch für Ihre Beziehung?

Roland Emmerich: Das könnte man so sagen. Ich habe mir hier oben gezielt meine Insel geschaffen. Aber ich habe auch ganz bewusst dieses Haus gewählt, weil es die Urzelle von Hollywood war. Auf meinem Grundstück wurde 1914 der erste große Hollywoodfilm überhaupt gedreht: »The Squaw Man«.

Was zog Sie hierher, fast hundert Jahre später?

Es war zunächst ein großer Zufall. Mein Partner Dean Devlin und ich hatten gerade einen Riesenerfolg mit »Independence Day« gelandet. Deans Stiefmutter ist Immobilienmaklerin, und sie fand, dass ich ein größeres Haus bräuchte. Etwas Repräsentativeres. Ich wohnte damals noch auf Senalda Drive, ganz oben in den Hollywood Hills, in einem von diesen Mainstream-Häusern. Das war sehr hübsch, ich sah eigentlich keinen zwingenden

Grund, mich zu verändern. Aber ich hatte schon immer eine Schwäche für Old Hollywood. Dewegen sagte ich, okay, wenn es ein Objekt mit sehr viel Land und sehr viel Historie in der Gegend gibt, bin ich interessiert. Und dann ist zwei Jahre lang erst mal gar nichts passiert.

In der Zwischenzeit drehten Sie das Remake von »Godzilla«.

Mitten während der Dreharbeiten in Downtown L.A. rief Deans Stiefmutter an: »Roland, I have found your house«. Ich bin in der Mittagspause schnell hierher geflitzt und wusste schon auf dem Weg nach oben, dass ich es kaufen werde.

Warum?

Bauchgefühl. Dass hier der Geburtsort von Hollywood war, erfuhr ich erst später. Eine irre Geschichte. Der junge Cecil B. De Mille hatte damals mit Jesse Lasky und Sam Goldwyn eine Filmfirma gegründet und war mit seiner Crew nach Flagstaff in Arizona unterwegs, um einen Western zu drehen. Aber dort regnete es. Also fuhren

---

MERIAN | UNTERWEGS MIT ROLAND EMMERICH

»Ich hatte schon immer eine Schwäche für Old Hollywood«

Strand
Ich bin kein Strandtyp, aber wenn ich ans Meer fahre, dann nach El Matador. Das letzte Mal, als wir ein Picknick veranstaltet haben, bekamen wir einen Strafzettel: Käsemesser und Wein sind an Kaliforniens Stränden verboten – die haben hier einfach kein Vertrauen in ihre Bürger.
(A 2) El Matador Beach
Malibu, 32215 Pacific Coast Highway

Kunst und Design
Die Bergamot Station ist ein still gelegter Straßenbahn-Bahnhof in Santa Monica, wo sich viele kleine Galerien zu einem großen Kunst-Komplex zusammengeschlossen haben. Dort kaufe ich Werke von Künstlern aus der Gegend.
(D 7) Bergamot Station Art Center
2525 Michigan Ave.
Tel. 310 586 6488
www.bergamotstation.com

Ich richte gerade eine Wohnung in Berlin ein und habe meiner Architektin untersagt, dort Möbel einzukaufen. L.A. hat

viel bessere Einrichtungsläden. Bei Blackman Cruz bin ich Stammkunde. Sie haben eine unbeschreibliche Auswahl an Kuriositäten und Designerstücken.
(K 6) Blackman Cruz
836 N. Highland Ave., Tel. 323 466 8600
www.blackmancruz.com

Bücher
Zu Book Soup habe ich ein sentimentales Verhältnis, denn ich hatte mein erstes Büro direkt nebenan.
(D 5) Book Soup
8818 W. Sunset Blvd., Tel. 310 659 3110
www.booksoup.com

Ich interessiere mich sehr für Architektur. Die besten Bildbände gibt es hier.
(D 7) Hennessey + Ingalls
Art & Architecture Bookstore
214 Wilshire Blvd., Tel. 310 458 9074
www.hennesseyingalls.com

Restaurant
Viele meiner Business Meetings veranstalte ich zu Hause. Ich habe gern Gäste und Platz genug. Aber wenn ich gele-

gentlich mal essen gehe oder mich mit Schauspielern zu Casting-Gesprächen treffe, dann am liebsten im »Little Door«. Ein französischer Familienbetrieb, sehr unprätentiös.
(D 7) Little Door
8164 W. 3rd St., Tel. 323 951 1210
www.thelittledoor.com

Hotel
Ich hatte schon immer eine Schwäche für Old Hollywood, deshalb wohnte ich in meiner ersten Zeit natürlich hier.
(F 4) Chateau Marmont
8221 W. Sunset Blvd.
Tel. 323 656 1010
www.chateaumarmont.com

Hiking
Der Park grenzt an mein Grundstück. Am Wochenende gehe ich hier gern mit ein paar Freunden laufen. Der Rundweg dauert ungefähr eine Stunde, und man hat den besten Blick über L.A.
(H 4) Runyon Canyon Park
Ecke Franklin Ave./Fuller Ave.

1 Mao-Manie: Emmerich hat eine Schwäche für Propaganda-Kunst
2 Gäste-Plätze: Am rustikalen Esstisch speiste schon Hillary Clinton

sie mit dem Zug weiter und fragten an der Endstation in L.A. herum, wo in der Gegend es unverbautes Gelände gäbe. Und offensichtlich schickte sie irgendjemand nach Hollywood. Dort gab es alles, was sie suchten: einen Straßenbahnanschluss, unverbaute Landschaft. Sogar ein Hotel. Es gefiel ihnen so sehr, dass sie den gesamten Hügel kauften. Und dann drehten sie hier 200 Filme.

Hat das Haus eine Aura?
Ein bisschen schon. Jesse Lasky hat zehn Jahre lang darin gewohnt. Nicht, dass es spukt. Aber ich finde es einfach inspirierend zu wissen, dass ich auf dem Gelände der ersten Filmfarm Hollywoods lebe. Als unten im Tal immer mehr gebaut wurde, taugte das Land nicht mehr als Drehort und wurde peu à peu verkauft. Jesse Lasky sicherte sich 1919 das Grundstück, das

mir heute gehört, und baute dieses Haus darauf. Nebenan wohnten Stummfilmstars, später dann Errol Flynn.

Ist Ihre Nachbarschaft immer noch so exklusiv?
Sheryl Crow wohnt auf der anderen Seite des Runyon Canyon. Meine unmittelbare Nachbarin ist Helen Mirren. Deswegen sage ich immer, wenn man mich fragt, wo ich denn in Hollywood wohne: »Right next to the Queen«. Helen hat sich totgelacht, als ich ihr das neulich auf einer Party erzählte. Seitdem grüßt sie immer hoheitsvoll aus dem Autofenster, wenn wir aneinander vorbeifahren.

Man sieht Ihrem Haus an, dass Sie mal Filmausstatter werden wollten.
(lacht) Ich habe es völlig umgebaut. Nur die Grundstruktur blieb erhalten. Die letzten Renovierungen stammten aus den 1970er Jahren, das war

furchtbar. Ich fügte Terrassen hinzu, vergrößerte Fenster… Kunst am Bau ist ein Hobby von mir.

Die Innendekoration ist auch filmreif. Allein dieser waffenscheinpflichtige Stuhl. War der mal Requisite?
Nein, ein Souvenir aus Mosambik. Ich war dort kurz nach dem Ende des Bürgerkrieges, und irgendwie landete ich in einem verfallenen Haus in Maputo, in dem verschiedene Künstler arbeiteten. Einer davon baute tatsächlich Stühle aus Gewehren. Ich dachte nur: Wow! So einen muss ich haben. Natürlich hing das Ding vier Monate im amerikanischen Zoll.

Was steckt hinter Ihrer beeindruckenden Mao-Sammlung?
Gute Frage. Mao war ja ein Massenmörder. Eigentlich der erste Taliban. Ich bin einfach fasziniert von Propaganda-Kunst. In meinem Haus in London sind die Wände voll davon.

Könnte man einen Bogen schlagen von Ihrer Faszination für Kunst, die unter Diktaturen entstand, bis hin zu den Endzeit-Szenarien, die Sie in Ihren Filmen entwerfen?
Wenn man mich fragt, woher meine Zerstörungswut kommt, sage ich gern: aus meiner Kindheit. Mein älterer Bruder Andy machte immer mein Spielzeug kaputt, das kompensiere ich bis heute.

Ernsthaft?
Natürlich nicht. Ich habe mich vielleicht dadurch, dass meine Filme, besonders »Independence Day«, so erfolgreich waren, selbst zu einem Gefangenen dieses Genres gemacht. Aber ich möchte hiermit öffentlich verkünden, dass »2012« mein letztes Disaster-Movie ist. Es ist die Mutter aller Zerstörungsfilme, mit Effekten, wie man sie noch nie gesehen hat. Ich wüsste wirklich nicht, was ich danach noch zerstören sollte.

Welches Bild hatten Sie beim Entwickeln von »2012« zuerst im Kopf?
Eine Tsunamiwelle, die den Himalaya überschwemmt. (lacht) Die ursprüngliche Idee war ja, eine Art moderne Arche-Noah-Geschichte zu erzählen.

Wie kommen Sie auf solche Ideen?
»2012« spannen mein Co-Autor Harald Kloser und ich beim Abendessen in London aus. Wie wäre es, wenn wir einen Film über eine große Flut mach-

IM GESPRÄCH MIT ROLAND EMMERICH

ten? Der philosophische Überbau kam erst später dazu. Man muss das Ende der Welt ja plausibel machen. Streng genommen bedeutet das Jahr 2012 im Maya-Kalender nur das Ende einer Ära. Aber viele Menschen deuten das als Apokalypse. Googeln Sie mal 2012, Sie werden staunen, was sie alles zutage fördern. Das ist natürlich auch gute PR für den Film.

Wo haben Sie das Drehbuch für »2012« geschrieben?

In einer wunderschönen Villa auf Phuket. Gedreht haben wir in Kanada.

So viel zum Hollywoodfilm.

Hollywood ist wirklich nur noch der Ort, an dem man Deals macht. Ich veranstalte ja immer Auktionen, wenn ich ein Drehbuch zu verkaufen habe. Dann schicke ich an einem Mittwochnachmittag allen Studios das Drehbuch...

... buchstäblich allen?

Allen. Und wer zuerst anruft, bekommt den ersten Termin.

Und darf 200 Millionen Dollar in Ihre Idee investieren, ohne sich einmischen zu dürfen. Die Studios müssen Ihnen sehr vertrauen.

Zu Recht. Sie haben ja viel Geld mit mir verdient. Deswegen kann ich es mir leisten, mein eigenes Ding zu machen. Insofern stimmt Ihre Eingangsbehauptung: mitten in Hollywood – und trotzdem Außenseiter.

Mögen Sie Hollywood? Als Stadt?

Es gibt auf dem Hollywood Boulevard zwischen Vine und Cahuenga noch ein paar schöne Gebäude. Aber das neue Kodak-Center, wo die Oscars verliehen werden, finde ich furchtbar. Das ist nicht mehr als eine Shopping-Mall. Architektonisch gefällt mir Downtown L.A. mit seinen alten Prachtbauten besser.

Und Hollywood als Geisteszustand?

Ich halte mich von den angesagten Restaurants fern. Ist mir zu eitel. Was allerdings den Geisteszustand von Hollywoodstars betrifft, so gefällt mir der immer besser. Wirklich bewundernswert, was Leute wie Brad Pitt oder George Clooney für den Umweltschutz tun. Wenn Clooney Elektroauto fährt und Brad Häuser mit Solarzellen baut, gilt das auf einmal als nachahmenswert. Endlich ist es cool, grün zu sein. Dafür liebe ich Hollywood. ■

MERIAN | BLICK IN DIE FILMWERKSTATT

Schon vor 2012 Weltuntergangsmeister

Filmkritiker belächelten den in Stuttgart-Obertürkheim geborenen Roland Emmerich früher als »Spielbergle aus Schwaben«. Dabei ging der inzwischen 54-Jährige seit dem Abschluss an der Münchner Filmhochschule konsequent seinen Weg. Der führte bekanntlich nach Hollywood, wo er 1996 mit »Independence Day« einen der erfolgreichsten Filme aller Zeiten drehte. Seither gehört Emmerich zu der Hand voll Regisseure, denen kein Studio mehr reinredet. Bei »The Day After Tomorrow« (2004), in dem die Folgen der globalen Erwärmung beschrieben werden, konnte er dadurch verhindern, dass ein Hollywood-typischer Held für ein Hollywood-typisches Happy End sorgt.

Sein bislang größtes, am Computer generiertes Spektakel ist sein aktueller Film: »2012«. Nicht das Klima löst in diesem Film die globale Krise aus, sondern es bewahrheitet sich die vielen Weltuntergangspropheten geläufige Auslegung des Maya-Kalenders, wonach am 21. Dezember 2012 jedes Leben ende. Mehr als 1200 Spezialeffekte ließ Roland Emmerich aneinanderreihen. Nur ein Beispiel: eine gigantische Flutwelle schwappt über die Gipfel des Himalaya.

»2012 ist mein erster Film ohne ein einziges Modell«, erzählt Emmerich. Alle Effekte im Film seien am Computer generiert. Heißt: Nichts von dem, was später im Film zu sehen sein wird, existiert auf dem Set. Nicht mal als Miniaturmodell. Damit die Schauspieler wenigstens eine ungefähre Vorstellung davon bekommen, in welchem Umfeld sie sich bewegen, wogegen sie anspielen, worüber sie sich freuen oder fürchten sollen, hat Emmerich zum einen das Storyboard und zeigt zum anderen »Previs«. Das bezeichnet eine Art Zeichentrickfilm, der dem Schauspieler vor jeder neuen Einstellung gezeigt wird und ihm vorführt, was in der nächsten, computeranimierten Filmszene geschieht. Dazu muss er spielen – »und das ist sehr schwer für Schauspieler«, weiß Emmerich.

www.whowillsurvive2012.com

Das Setting für »2012« ist zum größten Teil computeranimiert. Den Schauspielern hilft das skizzierte Storyboard (oben). Unten: die Szene im Film

GIPFELTRIO
Kate Winslet (für ihre Rolle in »Der Vorleser«), Sean Penn (»Milk«) und Penelope Cruz (»Vicky Cristina Barcelona«) wurden im Februar 2009 von 5810 Kollegen zu den Besten ihrer Zunft gewählt

Die Os

Was als kleines Betriebsfest begann, ist heute die Party der Superlative. Bei den »Academy Awards« beschenken und bestrafen sich die Superstars

TEXT OKKA ROHD

car-Story

UNDERDOGS Regisseur Danny Boyle (r.) und einige seiner Darsteller

AND THE OSCAR GOES TO… Sarah Jessica Parker und Daniel Craig verkünden einen Sieger

BOLLYWOOD SIEGT »Slumdog Millionär« aus Indien räumte 2009 ab: neun Oscars!

SHOWTALENT Hugh Jackman moderierte zuletzt die Gala. Er sang und tanzte (mit Anne Hathaway)

TÊTE-À-TÊTE Julia Roberts und Denzel Washington, zwei der größten Kassenmagneten

GEHEIMNISTRÄGER Nur Rick Rosas und Brad Oltmanns (r.) wissen vorab, wer einen Oscar bekommt

MR. & MRS. SMITH
Während Brad Pitt noch auf einen Oscar wartet, hat Angelina Jolie schon einen zu Hause: für ihre Rolle in »Durchgeknallt«

»Wenn dein Outfit mehr kostet als dein Film, weißt du, dass du gerade Neuland betrittst.«
Jessica Yu, Oscar-Preisträgerin »Beste Kurz-Dokumentation«

FULL HOUSE
3300 Sitzplätze hat das Kodak Theatre, das eigens für die Oscar-Verleihungen entstand

DAMENWAHL Eva Marie Saint, Whoopi Goldberg, Tilda Swinton, Goldie Hawn und Anjelica Huston gemeinsam auf der Bühne

»Oh mein Gott, dieser Moment ist so viel größer als ich.«
Halle Berry in ihrer Oscar-Rede 2002

GLÜCKSRAUSCH Als erste dunkelhäutige Schauspielerin wurde Halle Berry zur »Besten Hauptdarstellerin« gekürt

DAS LEBEN IST SCHÖN Gwyneth Paltrow, Judi Dench, James Coburn freuen sich, Roberto Benigni ist außer sich (v. l.)

Da steht er nun. In einer Vitrine des Berliner Museums für Film und Fernsehen am Potsdamer Platz, angemessen dramatisch beleuchtet: der allererste Oscar, der je verliehen wurde. Ein nackter Krieger, 34 Zentimeter groß, ein riesiges Schwert zwischen den Beinen, imposante Muskeln. Wie er da schimmert mit seinem Überzug aus 24-karätigem Gold, möchte man ihn am liebsten nehmen und in die Höhe recken.

Der deutsche Schauspieler Emil Jannings hat ihn für seine beiden Stummfilme »Sein letzter Befehl« und »The Way of All Flesh« bekommen. 1929 war das und Jannings ein Star, so weit entfernt von der Normalsterblichkeit wie später Marlon Brando oder George Clooney. Die perfekte Wahl, um eine Tradition zu begründen. Und genau das wollte Louis B. Mayer, der legendäre Studioboss, der sich die *Academy Awards* als eine Art Elite-Orden für die Besten der Zunft ausgedacht hatte. Sie sollten etwas sein, womit sich die Branche ihrer eigenen Wichtigkeit versichern konnte. Eine Auszeichnung, die als Signal wirkt: »Seht her, hier in Hollywood wird Kunst produziert« – also nichts, bei dem die Gewerkschaften mitzuquengeln hätten.

Allerdings fehlte der ersten Verleihung am 16. Mai 1929 im Ballsaal des »Roosevelt Hotel« noch ein wenig die Strahlkraft: Die Preise wurden eher ausgeteilt als verliehen, in fünf Minuten zwischen Lobster Eugenie und Los-Angeles-Salat. Wie alle anderen Gewinner hatte auch Jannings schon drei Monate zuvor von seiner Ehrung erfahren und war an diesem Abend nicht dabei, sondern tags zuvor nach Deutschland zurückgekehrt. Der *Academy Award of Merit* war nichts Besonderes für ihn, erzählt Jörg Jannings, 79-jähriger Neffe des ersten Preisträgers, ein Herr von tadellos altmodischen Manieren, mit einer Stimme, die Frauen rot werden lässt. »Er wollte spielen«, sagt Jörg Jannings, »immer nur spielen. Bloß darum ging es ihm – nicht darum, einen kitschigen Goldkerl dafür einzuheimsen.«

Das hat sich in den vergangenen 80 Jahren gründlich geändert. Heute ist der Oscar so etwas wie ein Ritterschlag zur Unsterblichkeit: Wer ihn bekommt, hat es geschafft. Gewinner können mehr Geld verlangen, bessere Filme drehen, sind mit den hübscheren Menschen liiert – und jedes Mal, wenn sie irgendwo in der Öffentlichkeit auftauchen, steht hinterher in der Zeitung, dass es ein Oscar-Gewinner war, der da im Supermarkt eingekauft hat. Selbst wenn der Ruhm schon lange verblasst ist, diesen Preis kann ihnen niemand mehr nehmen. Geben müssen sie dafür allerdings alles, müssen bis zum Letzten gehen – jedenfalls wenn sie Darsteller sind.

Rund 1200 Academy-Schauspieler treffen die Nominierungen, mit fast 4800 Kollegen der anderen Branchen stimmen sie über die Sieger ab – und sie haben eine Schwäche für Rollen, in denen sichtbar geschuftet wird, für Exzentriker, Alkoholiker und historische Figuren, die tragisch sterben. Extra fürs Spiel angefuttertes Übergewicht, hässliche Akzente oder jede Attraktivität auslöschende Masken können ebenfalls helfen – schließlich geht es um mehr als um Eitelkeiten. Jedenfalls bis zur Oscar-Verleihung.

In Amerika nennen sie diese Nacht den »Super Bowl für Frauen«, weil sie vor allem solche Vergnügungen bietet, die Männer nie so recht zu schätzen gelernt haben. Nirgendwo sonst lassen sich spontane Erstraffungen, Erschlankungen und andere ästhetische Wunder schöner beobachten als bei der Betriebsfeier der Superstars. Dabei ist der Einzug in die Arena nur der Auftakt zum wahren Spektakel. »Wir lieben die Oscars, weil unsere Idole sich in dieser Nacht wie echte Menschen benehmen«, sagt Jim Piazza, Autor von »*The Academy Awards – The Complete Unofficial History*«. »Wir können ihnen dabei zusehen, wie sie sich in ihren Sitzen winden und wie ihr Lächeln bei Niederlagen zu einer Grimasse verrutscht. Mit ein bisschen Glück stolpern sie schon auf dem Weg zum Podium, nur um dann eine nicht minder holprige Rede zu halten. Und wir?

Lehnen uns bequem zurück und kümmern uns um die wirklich wichtigen Fragen (ist das etwa ein Toupet?). Man kann es nicht anders sagen: Der Thrill dieser Nacht besteht zu einem nicht geringen Anteil aus unverdünnter Schadenfreude.« Aber die Oscars geben auch edlen Gefühlen eine Heimat. Wenn unser nächtliches Aufbleiben mit einem Preis für unseren Star belohnt wird und unser überwältigter Liebling seinen tauben Eltern dann auch noch in Gebärdensprache dankt, fließen nicht nur am Hollywood Boulevard Tränen. »Ihr Kampf und Sieg ist in diesem Moment auch unserer«, sagt Piazza. »Das wahre Leben zeigt sich nur selten so magisch.«

Ein Teil dieser Magie ist auch die Unberechenbarkeit der Oscar-Nacht. Wie pingelig sich die Organisatoren auch mühen, jede Sekunde der Zeremonie voraus zu planen: ein Abend, in dem es um große Gefühle (und noch größere Egos) geht, ist niemals völlig kontrollierbar. So verzeichnet die Oscar-Chronik jede Menge Skandale und maßlose Gefühlsausbrüche. 1934 gibt Moderator Will Rogers den »Besten Regisseur« mit den Worten »Komm hoch und hol ihn dir, Frank!« bekannt. Frank Capra springt auf und rennt auf die Bühne – doch der Scheinwerfer bleibt nicht bei ihm stehen, sondern bei seinem Konkurrenten Frank Lloyd. Obwohl Capra später drei Oscars gewann, vergaß er den beschämten Weg zurück nie wieder, »den längsten, traurigsten, erschütterndsten Gang meines Lebens«.

Spencer Tracy nahm es vier Jahre später mit Humor, dass auf seinem Oscar fälschlicherweise der Name »Dick Tracy« eingraviert war. Im Gegensatz zu Marilyn Monroe, die 1951 vor Scham auf die Erde blickte, als kurz vor ihrem einzigen Auftritt bei den *Academy Awards* – nicht als Preisträgerin, sondern als Präsentierende bei der Verleihung – ihr Kleid zerriss und nur notdürftig geflickt werden konnte. Zweimal wurde sogar ein doppelter Oscar verliehen: 1932 erhielt Schauspieler Wallace Beery so viele Stimmen wie Fredric March, 1969 bekamen Katharine Hepburn und Barbra Streisand gleich viele Stimmen im Rennen um die Auszeichnung als beste Darstellerin (was allerdings bei weitem nicht für so viel Aufregung sorgte wie Streisands durchsichtiger Hosenanzug).

1971 weist George C. Scott als erster Schauspieler einen Oscar zurück – weil er »diesen eigennützigen Fleischaufmarsch« verachte. Zwei Jahre später schickt Marlon Brando eine junge Frau namens Sacheen Littlefeather auf die Bühne, die stellvertretend für ihn den Preis ablehnt und eine Erklärung über die Behandlung der Indianer in den USA verliest. Dass es sich bei der unterdrückten Squaw um eine Schauspielerin handelte, die sich später für den *Playboy* auszog, machte den Eklat noch saftiger.

Unvergessen auch der Flitzer, der 1974 nackt die Bühne stürmte. Und natürlich Roberto Benigni, der 1999 mit italienischer Passion über die Stuhllehnen aufs Podium kletterte, um sich seine Auszeichnung abzuholen. Dokumentarfilmer Michael Moore nutzte 2003 seine 45 Sekunden Redezeit, um Präsident Bush zu beschimpfen. 2009 überraschte Schauspieler Sean Penn die Zuschauer nicht nur mit einem sel-

---

MERIAN | INFO

Superlative

Erfolgreichste Filme: »Titanic« (1999: 11 Oscars, 14 Nominierungen), »Ben Hur« (1960: 11 Oscars, 12 Nominierungen), »Der Herr der Ringe – Die Rückkehr des Königs« (2004: 11 Oscars, 11 Nominierungen)
Älteste Gewinnerin: Jessica Tandy mit 80 Jahren
Jüngste Gewinnerin: Tatum O'Neal mit zehn Jahren
Meiste Oscars: Walt Disney mit 26 Oscars (4 Ehren-Oscars inbegriffen); Katharine Hepburn 4 Oscars
Meiste Nominierungen: Disney mit 59, Komponist John Williams mit 45. Unter den Akteuren: Meryl Streep mit 15, Jack Nicholson mit 12.
Größter Verlierer: Tontechniker Kevin O'Connell 20 Nominierungen, 0 Oscars

ROTER TEPPICH
Genau 612 Fans dürfen auf die Tribüne vor dem Kodak Theatre. Ihr Job: den Stars zujubeln

»Ich bin nur ein Mädchen aus einer Wohnwagensiedlung, das einen Traum hatte.«
Hilary Swank in ihrer Oscar-Rede 2005

tenen Lächeln, er nutzte seine Dankesrede auch, um sich für gleichgeschlechtliche Ehen einzusetzen. Mit solchen Auftritten sorgten Stars für Furore, andere dagegen kamen nie auf die Bühne, auch wenn sie es noch so verdient hätten. Giganten wie Richard Burton, Marlene Dietrich, Greta Garbo, Cary Grant oder Alfred Hitchcock gewannen nie einen Oscar (worüber auch der Ehrenpreis für Hitchcock nicht hinwegtäuschen konnte, den er mit einem kargen »Danke« kommentierte). Charles Chaplin bekam 1929 einen Sonderpreis und danach lediglich eine einzige Trophäe – für die beste Filmmusik. In 81 Jahren wurden nur drei Frauen für die »Beste Regie« nominiert, keine von ihnen ging mit dem Goldjungen nach Hause.

Seit 2002 findet die jährliche Verleihung im eigens dafür entworfenen »Kodak Theatre« statt. Es bietet neben 3300 Gästen auch all denen Raum, die den Oscar erst zur Show des Jahres machen. 612 Fans, die einen der heiß begehrten »Bleacher Seats« auf der Außentribüne gewonnen haben, sorgen für die nötige Lautstärke beim Einlauf der Stars. Knapp 100 Fotografen, 120 Reporter und weit über 250 Kamerateams geben acht, dass auch den Zuschauern zu Hause kein noch so winziges Detail entgeht.

Mit Patty Fox gibt es sogar eine offizielle Fashion-Koordinatorin, deren Aufgabe allein darin besteht, die Journalisten zu informieren, welcher Star in welcher Designerrobe über den 150 Meter langen roten Teppich schwebt. Seitdem jeder Hollywoodstar eine Brigade von persönlichen Stylisten beschäftigt, passieren Modekatastrophen leider immer seltener. Vorbei die Zeiten, in denen Sängerin Björk sich einen Schwan um den Hals hängen konnte, Joanne Woodward im selbst geschneiderten Kleid (Materialwert: 100 Dollar) erschien und Joan Crawford zickte: »Damit hat sie den Glamour Hollywoods um 20 Jahre zurückgeworfen!«

Die einzigen, die in all dem emotionalem Aufruhr stets stoisch bleiben, sind Rick Rosas und Brad Oltmanns, die Hüter der Sieger-Kuverts. Seit 1936 ist die Wirtschaftsprüfungs-Gesellschaft Price Waterhouse für die korrekte Auszählung der Stimmzettel zuständig. Zwei Sets mit Gewinner-Umschlägen werden auf unterschiedlichen, geheimen Routen ins »Kodak Theatre« gebracht. Um vollständige Sicherheit auch bei Raubüberfällen, Verlust oder spontaner Papier-Selbstentzündung zu gewährleisten, lernen beide Wahlleiter zusätzlich die Namen aller Gewinner auswendig.

Vielleicht sind auch 2010 wieder ein paar Außenseiter darunter. Wie zuletzt in den 1970er Jahren, als New Hollywood das Kino mit ungeschöntem Realismus erst überwältigte und ihm dann neues Leben einhauchte, war das Oscarjahr 2009 endlich wieder ein Jahr der sperrigen, mutigen und aufregenden Filme. Selten haben schon die Nominierungen für so viel Furore gesorgt. Ein Film, der in indischen Slums spielt, mit Schauspielern, deren Namen man nicht mal aussprechen kann? Ein schwuler Politiker? Ein verlogener Präsident? Und selten hat man sich so sehr mit den Gewinnern gefreut.

Wenn am 7. März 2010 die 82. Oscar-Verleihung stattfindet, gibt es zum ersten Mal seit 1944 wieder zehn Nominierungen für den »Besten Film«. Gute Chancen also, auch im nächsten Jahr auf ein paar Filme zu treffen, über die man sich die Köpfe heißreden kann. Gute Zeiten für einen goldenen Krieger, der seine Muskeln spielen lässt. ■

MERIAN | INFO

Der Oscar in Zahlen

Er ist 34,3 Zentimeter groß und 3,8 Kilogramm schwer.
Seit 1941 werden sämtliche Gewinner erst bei der Preisverleihung bekannt gegeben.
Seit 1953 wird die Verleihung im Fernsehen übertragen.
Anzahl der stimmberechtigten Mitglieder im Oktober 2009: 5994.
www.oscars.org
www.oscar.com

REKORD für Meryl Streep (Mitte): zwei Oscars und 15 Nominierungen

HOCHGEBOXT Hilary Swank bekam ihren zweiten Oscar für »Million Dollar Baby«

DIE GALA steigt 2010 erst im März

NAMEDROPPING Jack Black und Jennifer Aniston: Sein Name ist echt, ihrer Ms. Anastassakis

DER ZWEITE BLICK AUF DAS HOLLYWOOD-SIGN

1923 Blühende Villen-Landschaften versprachen Werbegenie Harry Chandler (am Pflug) und seine Truppe. Am Anfang stand der Straßenbau – und der unübersehbare Reklameschriftzug »Hollywoodland«

Verlorenes Land

Das Wahrzeichen für Ruhm ist in Wahrheit ein Symbol des Scheiterns

TEXT **RAINER SCHMIDT**

Die Sonne brennt, es weht ein leichter Wind, still ist es hier oben am Fuße des »D«. Groß und mächtig stehen die neun Buchstaben »H-O-L-L-Y-W-O-O-D« am kargen Hang, schlichter Stahl, weiß übertüncht, eigentlich eine simple Konstruktion, doch weltweit Inbegriff und Projektionsfläche für ehrgeizige Träume und tiefste Sehnsüchte. Rechts unten ein idyllischer See, weiter links die beschaulichen Häuser von Beachwood Canyon, eine harmonische Szenerie. Nichts deutet darauf hin, dass etwas fehlt, nicht hier oben, nicht dort unten. Dabei waren es früher einmal 13 Buchstaben – und eine große Vision. Doch ist dieses Wahrzeichen von L.A. letzlich ein verstümmeltes Symbol des Scheiterns, der Beweis, dass die Kraft der Träume manchmal nicht ausreicht, alle Ziele zu erreichen.

Zumindest nicht die eigenen. Groß und visionär denken, das war immer schon eine Spezialität dieser Stadt. Hier,

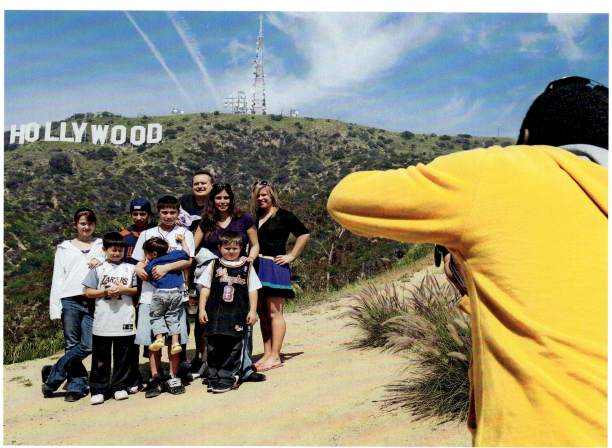

2009 Das beliebteste Motiv fürs private Urlaubsfotoalbum. Mount Lee heißt der Berg, benannt nach dem Rundfunk-Pionier Don Lee, der hier 1931 für den TV-Probebetrieb einen Sendemast aufstellen ließ

gegenüber dem Mount Lee, sollte die vornehmste Wohnsiedlung von Los Angeles entstehen, ein Paradies für gehobene Lebensträume, so dachte 1923 der Herausgeber der *Los Angeles Times*, Harry Chandler, dessen Entwicklungsfirma ehrgeizige Pläne hatte und dem Projekt den verheißungsvollen Namen »Hollywoodland« gab. Für 21 000 Dollar ließ Chandler die über 15 Meter hohen Lettern errichten – es war die wohl größte und spektakulärste Werbung der damaligen Zeit. Und damit auch des Nachts niemand Gefahr lief, das Ausmaß des Vorhabens zu übersehen, ließ er Stromleitungen den Hügel hinauf verlegen und die Buchstaben mit über 4000 Glühbirnen illuminieren. Allein das war damals eine technische Leistung, die jedem zeigen sollte: Wir meinen es sehr ernst. So blinkte es in Intervallen ins Tal: »Holly« – »wood« – »land«. Heute steht an der Einfahrt zu Beachwood Canyon, wie die Siedlung am Fuße des Schriftzuges heißt, noch das Historic-Cultural Monument No. 20 – ein mittelalterlich gestaltetes Tor, das sie in den Zwanzigern dort für ihren Wohntraum errichtet haben. Dahinter ein kleiner Platz mit dem »Village Coffee Shop«, der aussieht wie aus den fünfziger Jahren. Zwei Bänke stehen auf dem Bürgersteig davor, ruhig ist es hier, grün und friedlich. Bewohner grüßen Fremde und Touristen wie in einem Dorf. Die Menschen hier legen Wert auf Sicherheit, vielfach wird darauf hingewiesen, dass die »Bel-Air Patrol« durch die Gegend streift. Nur die auffällig vielen Schilder in den Fenstern, die zum Kaufen oder Mieten der Häuser locken, lassen erahnen, wie sehr die Wucht der Immobilienkrise die Idylle getroffen hat.

Schon die Weltwirtschaftskrise Ende der Zwanziger ließ große Immobilienträume platzen: Harry Chandlers Nobelsiedlung »Hollywoodland« prosperierte nur wenige Jahre, in denen ein paar hundert Häuser links und rechts des Beachwood Drive entstanden. Dann ging die Entwicklungs-

DER ZWEITE BLICK AUF DAS HOLLYWOOD-SIGN

firma pleite. Das Hollywoodzeichen verfiel, die Glühbirnen waren lange schon geklaut oder kaputt, 1944 übernahm die Stadt den verwitterten Schriftzug, dem es nicht anders zu ergehen schien als der Filmindustrie, die schwer durch den Siegeszug des Fernsehens getroffen wurde. Die örtliche Handelskammer reparierte fünf Jahre später die Buchstaben und entfernte die letzten vier. Aus »Hollywoodland« wurde »Hollywood«.

Durch die grüne Bürgeridylle schraubt sich die Straße bis zu einem großen verschlossenen Tor. Das Klettern zum »Sign« ist verboten, steht da in verblasster Schrift, bei Zuwiderhandlungen droht eine Strafe von, krummer ging es wohl nicht, 103 Dollar. »Schließlich ist der Weg nicht ganz ungefährlich«, sagt Diana Wright, die für den Hollywood Sign Trust angemeldete Besucher zum Berg führt. Es gäbe viele Klapperschlangen, die Wege seien steil, die Hitze groß. Jede Woche muss Diana mehrmals hier hoch, seit zweieinhalb Jahren, in ihrem anderen Leben ist sie Stand-up-Comedian, tritt mal hier, mal dort auf und träumt vom Durchbruch, Hollywood eben.

Der Trust wurde in Zusammenarbeit des Staates Kalifornien mit der Stadt Los Angeles gegründet, um sich um die Erhaltung und Vermarktung des Schriftzuges zu kümmern. Das Interesse der Einheimischen daran ist eher leidenschaftslos, die Spenden fließen spärlich, Pläne, die Lettern

meras überwacht, die Zentrale ist irgendwo downtown, mehrmals am Tag werfen Polizisten aus einem Helikopter einen Blick auf das Symbol. Auch unsere kleine Truppe wird sofort aus einem versteckten Lautsprecher angeschnarrt, als wir uns den heiligen Buchstaben nähern. Diana muss sich an einer Gegensprechanlage identifizieren, alles klar, Big Brother ist zufrieden.

Doch bevor wir ans Allerheiligste kommen, muss geklettert werden, daran führt kein Weg vorbei. An einem Seil lassen sich die Besucher vorsichtig den steilen Geröllhang herab, Claudia Schiffer hat das auch gemacht, man ist also in bester Gesellschaft, aber wie war das noch mal mit den Klapperschlangen? Ein kleiner, ungesicherter Pfad führt an den mächtigen Stahllettern auf ihren Betonsockeln vorbei, mal rauf, mal runter, überraschend provisorisch das alles, an einigen Stellen sind noch, leicht versetzt, die Überreste der mächtigen Holzstümpfe von 1923 zu erkennen.

Viele der Buchstaben haben ihre eigene Geschichte. Die in Hollywood gescheiterte 24-jährige New Yorker Schauspielerin Peg Entwistle kletterte auf einer Leiter am Abend des 18. September 1932 aus Frustration über ausbleibenden Erfolg zur Spitze des »H« und stürzte sich zu Tode. Ein dramatischer Schritt, der postum den Erfolg brachte, den sie angestrebt hatte: Sie ist für immer das »Hollywood Sign Girl«. Nachahmer habe es aber nicht gegeben, sagt

Das »Sign« – auf ewig der Code für die Sehnsucht nach Glamour und Größe

wie einst zu erleuchten, scheitern regelmäßig an dem Protest der Anwohner. Das Interesse der Welt ist ungleich größer. Immer wieder treibt es Filmschaffende aus vielen Ländern hierher, die Liste der Streifen, in denen »Hollywood« zu sehen ist, wird immer länger, auch wenn der Rummel deutlich weniger geworden ist über die Zeit. Aber die Kraft des weltweit verständlichen Symbols für Glamour und Begierden funktioniert immer noch. Erst im vergangenen Jahr wurde das ewige deutsche Supermodel Claudia Schiffer hier für eine Yves-Saint-Laurent-Kampagne fotografiert, am Fuße des »Y« posierte sie dort für das Fotografenduo Inez van Lamsweerde und Vinoodh Matadin, halsbrecherisch sei das gewesen, erzählt Diana, allein aus Sicherheitsaspekten ein Kraftakt für alle Beteiligten.

Gleich oberhalb der Konstruktion stehen Funkmasten von Telekomfirmen, menschenleer ist es und heiß. Die Straße zum »Sign« ist mit dichtem Maschendrahtzaun gesichert, Stacheldraht inklusive, niemand soll hier unbefugt herumkraxeln, das meinen sie ernst. Zu oft landeten hier früher Betrunkene auf abschüssigem Gelände, gerne auch mal nachts. Die Buchstaben werden rund um die Uhr von Ka-

Diana. Als in den sechziger Jahren die Filmindustrie dem Stadtteil Hollywood den Rücken kehrte und sich die Rotlichtindustrie breitmachte, verfielen auch die Buchstaben immer mehr. Ein Kifferfreund pinselte 1973 das Wort »Hollywood« zu »Hollyweed« um. Es ging weiter bergab. Ein »O« fiel um, die Spitze des »D« fehlte bald. Einer konnte das Elend nicht mehr ertragen. *Playboy*-Gründer Hugh Hefner schmiss 1978 in seinem Playboy-Mansion extra eine Party, um Spenden zu sammeln. Er selbst »kaufte« das »Y«, Stars und Firmen folgten ihm: Rockstar Alice Cooper ist der Pate für ein »O«, die Plattenfirma Warner Bros zeichnet für das »O« daneben verantwortlich. Das alte Schild wurde abgebaut, und drei Monate später brachten 194 Tonnen Beton und Stahl den alten Glanz wieder an den Hügel.

Jetzt steht das »Sign« da, strahlend weiß, gesichert und stabil, auf ewig wohl der Code für die Sehnsucht nach einem Leben, das es so vielleicht gar nicht gibt, oder nur für wenige Auserwählte. Der Sehnsucht nach Glamour und Größe ist das egal. Und so ist es die feine Ironie der Geschichte, dass der eigentlich verstümmelte Schriftzug heute Symbol dafür ist, dass Träume wahr werden können – auch wenn es nicht immer die eigenen sind.

MACHT AUS NAVIS REISEFÜHRER.

Ab Herbst kompatibel mit Becker & NAVIGON

AB € 12,99

Mit über 75 multimedialen Reise- und ThemenGuides von MERIAN.

ALLGÄU • BARCELONA • BASEL • BAYERISCHER WALD • BERLIN • BERN • BODENSEE BRÜSSEL • CHIEMGAU • CÔTE D'AZUR • DRESDEN • DÜSSELDORF • FLORENZ • FRANKFURT FREIBURG • GARDASEE • GENF • GRAUBÜNDEN • HAMBURG • HANNOVER • HARZ • HEIDELBERG INGOLSTADT • INSEL RÜGEN • KARLSRUHE • KÄRNTEN • KÖLN/BONN • LEIPZIG • LONDON LÜNEBURGER HEIDE • MADRID • MAILAND • MALLORCA • MECKLENBURG • MÜNCHEN MÜNSTERLAND • NIEDERÖSTERREICH • NORDFRIESISCHE INSELN • NÜRNBERG • OBER-ÖSTERREICH • OSTFRIESISCHE INSELN • OSTSEEKÜSTE • PARIS • POTSDAM • RHEINHESSEN ROM • RUHRGEBIET • SAARLAND • SALZBURG • SCHWÄBISCHE ALB • SEVILLA • STEIERMARK STRASSBURG • STUTTGART • SÜDTIROL • TESSIN • TIROL • UCKERMARK • VENEDIG VOGELSBERG • WESERBERGLAND • WIEN • WIESBADEN • ZUGSPITZLAND • ZÜRICH • SKI & WANDERGUIDE ITALIENISCHE ALPEN • SKI & WANDERGUIDE ÖSTERREICH • SKI & WANDER-GUIDE SCHWEIZ & FRANZÖSISCHE ALPEN • SKI & WANDERGUIDE SÜDDEUTSCHLAND • GOLF DER FEINSCHMECKER

www.merianscout.de/guides

Kompatibel mit TomTom®, Garmin®, Becker® und NAVIGON®

Der Deutsche Carl Laemmle gründet 1915 Universal City. Er beschrieb sein Studio als »Märchenland«, in dem die verrücktesten Dinge passieren

GESCHICHTE DIE GOLDENEN JAHRE

Nie war die Faszination des Films größer als im Hollywood der ersten Stunde. Junge Studios machten Kino für Filmpaläste, die diesen Namen verdienten. Manche von ihnen stehen bis heute

TEXT **ANKE KAPELS**

Starker Star: Mit Gebrüll startete MGM 1928 in die Tonfilmära

DIE TRAUM FABRIK

GESCHICHTE DIE GOLDENEN JAHRE

Premierennacht für »The Robe« (1953) mit Richard Burton im Grauman's Chinese Theatre. Der Hollywood Boulevard glitzert erwartungsvoll

Batman ist genervt. Was wollen die Leute da drüben an den Absperrungen? Schon seit Stunden staut sich deswegen der Verkehr auf dem Hollywood Boulevard. »Hier, bei uns, läuft der Film«, sagt Batman und schaut über die Straße. Der Superheld und seine Kollegen Gandalf und Marilyn Monroe nutzen den breiten Bürgersteig vor dem Hollywood & Highland Center als Laufsteg. Gegen gute Dollars posieren sie in ihren Kostümen für die Touristen. Doch an diesem stickigen Nachmittag, an dem der Himmel über Hollywood einen Grauschleier trägt, laufen ihnen die Menschen davon. Auf der anderen Straßenseite wird in zwei Stunden ein echter Star über den roten Teppich ins El Capitan gehen: Sandra Bullock. Ihre neue Komödie »The Proposal« hat heute Abend Kino-Premiere. Blitzlichter, glitzernde Roben, kreischende Fans, das ganze Programm. Alltag in Hollywood – seit mehr als 80 Jahren.

Damals, um 1920, verlor das Kino den Ruch des Tingeltangels, wurde aus Kintopp eine Kunstform. Die Menschen waren verzaubert von den laufenden Bildern, sie machten sich fein, wenn sie einen Film sehen wollten. Im El Capitan ist die Magie jener Zeit ins 21. Jahrhundert hinübergerettet worden. Die Betreiber Walt Disney Company und Pacific Theatres ließen das Kino vor 20 Jahren akribisch rekonstruieren. Es entstanden eine Fassade im spanischen Neobarock und ein stuckverzierter Saal, das Kino geriet zu einer Kreuzung aus indischem Maharadscha-Palast und verkitschter Hommage an die feudalen Opernhäuser der Alten Welt. Genauso sah das El Capitan auch schon im Mai 1926 aus, als »Hollywoods erstes Haus für Sprechtheater« öffnete. Mit der Uraufführung von Orson Welles' »Citizen Kane« im Jahr 1941 musste die klassische Bühnenkunst schließlich den Leinwanddramen weichen; aus dem El Capitan wurde das Paramount Hollywood, das sich viele Jahre hielt.

Das Kino ist eines von drei Filmhäusern, die der Impresario Sid Grauman zusammen mit dem Immobilienunternehmer Charles E. Toberman in den 1920er Jahren am Hollywood Boulevard errichtete. Das Egyptian Theatre, 1922 gebaut, war inspiriert vom letzten Schrei jener Zeit: Hieroglyphen prangten an den sandfarbenen Mauern, die zum Eingang führen. Grauman's Chinese Theatre eröffnete 1927

62 MERIAN www.merian.de

als letztes der drei gemeinsamen Projekte von Grauman und Toberman. Tempelglocken, Steinfiguren und andere Originale wurden aus China importiert. Handwerker von dort arbeiteten am Bau, überwacht von einem Landsmann, dem Filmregisseur Moon Quon.

El Capitan, Egyptian und Chinese Theatre haben eines gemein: Schon im Foyer verschwimmen die Grenzen zwischen Wirklichkeit und Kino-Traumwelt. Der französische Kulturkritiker und Medientheoretiker Jean Baudrillard, der Los Angeles mehrmals bereiste, glaubte gar, das Kino »nicht da, wo man denkt, auf keinen Fall in den Kinosälen« zu finden, sondern »überall draußen, in der ganzen Stadt, in ununterbrochenen, wunderbaren Filmen und Szenarien«. Tatsächlich atmet ganz Hollywood Kino. Und die Filmtheater, die hier Paläste sind, erzählen viel von der Geschichte der Traumfabrik.

Sie beginnt mit einer Handvoll Rebellen, Filmpionieren, die im ersten Jahrzehnt des 20. Jahrhunderts von der Ostküste nach Südkalifornien kamen. Zu ihnen gehörten William Fox, Samuel Goldwyn, Louis B. Mayer und Carl Laemmle. Als junger Mann war Laemmle aus dem württembergischen Laupheim in die Vereinigten Staaten ausgewandert, in Chicago brachte er es zum Kinokettenbesitzer. Dort, wie an der gesamten Ostküste, herrschte jedoch vor allem Thomas Alva Edison mit seiner Motion Picture Patents Company. Er besaß fast alle Kinopatente in Nordamerika und ließ Kurzfilme produzieren, die er den Kintoppbetreibern zum Abspielen aufzwang.

Laemmle meuterte und gründete 1909 seine eigene Firma, die Independent Motion Picture Company. Sie wurde zum ersten Unternehmen in den USA, das nicht nur als Filmproduzent und Verleiher, sondern auch als Kinobesitzer auftrat. Andere Abtrünnige taten es Laemmle gleich. Dass sie alle an der Westküste landeten, hatte aber nicht nur damit zu tun, dass sie nun ein ganzer Kontinent von Edison trennte. Es war auch die zuverlässige Sonne Kaliforniens, die sie hierher lockte. Helles Tageslicht ohne Regenwolken war in jener Zeit unentbehrlich für Filmaufnahmen.

Ein Stück Fernost in Hollywood, 1927 eröffnet: Grauman's Chinese Theatre ist ein Muss jeder Sightseeingtour

beschrieb Laemmle das Areal als »Märchenland, in dem die verrücktesten Dinge passieren, die die Welt je gesehen hat«. Von Anfang an durften Besucher auf das Gelände. Inzwischen ist Universal City betriebsame Produktionsstätte und zugleich riesiger Rummelplatz mit Fahrgeschäften, Stunt-Shows und Touren durch die Kulissenstadt.

Weitere Studios entstanden und verdrängten die Farmer endgültig aus Hollywood: 20th Century Fox, Warner Bros., Columbia Pictures, RKO, Metro-Goldwyn-Mayer. Alle zeigten ihre Traumfabrikware in eigenen Kinos, eines imposanter als das andere. Das vierstöckige Warner Bros. Hollywood Theatre etwa krönten zwei Funkturm-Attrappen auf dem Dach. 1968 wurde es verkauft und in Hollywood Pacific Theatre umbenannt, mittlerweile ist es geschlossen. Oder das Pantages, ebenfalls am Hollywood Boulevard, wo ab 1949 zehn Jahre lang die Oscars verliehen

Die Menschen waren verzaubert von laufenden Bildern, verfielen der Illusion

Zu den ersten Filmemachern an der Westküste gehörte Cecil B. De Mille. Im Dezember 1913 mietete er eine Scheune mitten in einer Bauernsiedlung, umgeben von Palmen und Orangenplantagen. Hier entstand sein Filmdebüt »The Squaw Man«. Die Scheune gilt als das älteste Studio Hollywoods. Nach einigen Umzügen steht sie heute gegenüber der Hollywood Bowl und beherbergt ein Filmmuseum.

Der Deutsche Carl Laemmle kaufte für seine Filmproduktion gut 90 Hektar im San Fernando Valley, einer hitzeflirrenden Ebene auf der vom Meer abgewandten Seite der Hollywood Hills. Dort baute er eine komplette Studiostadt auf, die Universal City. Zur Einweihung am 15. März 1915

wurden. Heute werden dort Musicals aufgeführt. An die alte Pracht erinnern noch die in dunkelgrauen Stein gemeißelten RKO-Buchstaben im düsteren Eingang und der Artdéco-Stuck an der Decke.

Die 20th-Century-Fox-Studios bauten sich einen großen elegant-verspielten Kino-Komplex im Westwood Village etwas abseits von Hollywood. Im Village Theatre und im vis-á-vis gelegenen Bruin Theatre werden noch heute Filmpremieren mit Star-Aufgebot gefeiert. Im Saal des benachbarten Westwood Crest Theatre ist das alte Hollywood als bonbonbunte Wandmalerei zu bewundern. Das Haus gehört zu den letzten Nachbarschaftskinos der Stadt.

GESCHICHTE DIE GOLDENEN JAHRE

Inspiriert vom architektonisch letzten Schrei der 1920er Jahre: Das Egyptian Theatre betreibt heute ein Kulturverein

In der frühen Zeit der Kinopaläste konkurrierte Hollywood noch mit Downtown Los Angeles. Am Broadway strahlten die Lichter mondäner Theaterhäuser, greller Vaudeville-Bühnen und schillernder Lichtspielhäuser um die Wette. Darunter Sid Grauman's Million Dollar Theatre mit seiner Neorokoko-Fassade. Oder das plüschige Orpheum, hier sang die junge Judy Garland. Auch Ella Fitzgerald, Duke Ellington, Aretha Franklin und Stevie Wonder traten auf. Später diente das Orpheum als Drehort für Musik-Videos und Filme, Szenen für »Last Action Hero« mit Arnold Schwarzenegger entstanden hier. Mittlerweile ist das Theater wieder eine Showbühne. Im United Artists stellten Charlie Chaplin, Mary Pickford und Douglas Fairbanks zusammen mit dem Regisseur D. W. Griffith die Filme ihrer gleichnamigen, 1919 gegründeten Produktionsfirma vor.

Doch nirgendwo auf der Welt wurden das Kino und seine Protagonisten glamouröser gefeiert als in Grauman's Chinese Theatre. Tausende drängelten bei der Eröffnung am 18. Mai 1927 auf dem Hollywood Boulevard, um die Stars aus ihren Limousinen steigen zu sehen. Gezeigt wurde an diesem Abend Cecil B. De Milles biblisches Monumentalwerk »König der Könige«, musikalisch begleitet von einer Wurlitzer-Orgel und einem 65-Mann-Orchester. Suchscheinwerfer zeichneten bei Premieren Lichtstreifen in den schwarzen Himmel, im Vorhof des Kinos gingen die Leinwandgötter in die Knie und senkten Hände, Füße und manchmal auch das Gesicht in weichen Zement – Abdrücke für die Ewigkeit. Sie sind noch heute zu sehen, genau da, wo Batman und Konsorten sich in Pose setzen.

Grauman starb 1950, den Angriff des Fernsehens auf das Kino erlebte er nicht mehr. Die Filmindustrie wehrte sich gegen das neue Medium mit technischer Aufrüstung. Natürlich war es das Chinese Theatre, das hier den ersten Film im Cinemascope-Format aufführte. Es wurde für »Das Gewand« extra umgebaut. Cinemascope, Vistavision, 3-D-Kino, HiFi-Tonsysteme und andere Effekthascherei konnten das Fernsehen jedoch nicht bezwingen. Es nützte auch nichts, dass die Traumfabrik mit dem Cinerama Dome, der am 11. November 1963 nach nur 16 Wochen Bauzeit am Sunset Boulevard eröffnete, noch einmal ihre ganze Innovationskraft bewies. In dem riesigen Beton-Iglu, zusammengesetzt aus 316 sechseckigen Platten, warfen drei Spezial-Projektoren die Filme auf die fast zehn Meter hohe und 26 Meter lange geschwungene Leinwand, mehr als 900 Zuschauer fanden im runden Vorführsaal Platz. Die Studios drosselten in den 1960er Jahren die teuren Kinoproduktionen und stiegen stattdessen ins lukrativere TV-Geschäft ein. Das Publikum wurde seinen Stars dadurch nicht untreu, nur wirkte offenbar die Magie des Kinos und seiner Tempel nicht mehr. Der flimmernde Zauberwürfel hatte die Menschen längst in den Bann gezogen, sie blieben zu Hause auf der Couch.

Hollywood als Sinnbild für das Geschäft mit der Illusion behielt seine Leuchtkraft, doch der Ort selbst verkam. Kinos wurden zu Striplokalen, die Art-déco-Fassaden bröckelten. Vor 25 Jahren wagte sich nach Sonnenuntergang kaum noch ein Tourist zum Bummeln auf den Hollywood Boulevard. Zwielichtige Gestalten handelten in

Mit dem Fernsehen verlor das Kino seine Magie, Filmtheater wurden zu Striplokalen

der Dämmerung mit Drogen, Prostituierte warteten am Straßenrand auf Kundschaft.

In Hollywoods dunklen Tagen hielt sich das Chinese Theatre aufrecht wie eine stolze Dame, die das Elend um sich herum ignoriert und unverdrossen jeden Tag Rouge und Lippenstift auflegt. Das verfallende Egyptian beschrieb der Journalist Mike Hughes 1983 in einem Artikel im *Hollywood Studio Magazine* nachsichtig als einen Überlebenden des Niedergangs. Das Kino erinnere »an den Glamour, der die Straße einst berühmt gemacht hat«. Vielleicht werde der Hollywood Boulevard »eines großartigen Tages wieder im alten Glanz erstrahlen. Wenn das passiert,

»No Place To Go« mit Hallam Cooley und Virginia Lee Corbin wurde 1927 für First National gedreht. In dieser Zeit kamen auch die ersten Kamerakräne zum Einsatz

wird das Kleinod Egyptian da sein, um eine neue Epoche der Filmstadt einzuläuten«.

So sollte es tatsächlich kommen. Rund zehn Jahre später, als auch das El Capitan renoviert und wiedereröffnet wurde, kaufte der gemeinnützige Kulturverein American Cinematheque das inzwischen geschlossene Egyptian der Stadt für nur einen Dollar ab, ließ den Außenbereich wieder herrichten und zeigt dort nun ein ambitioniertes Liebhaberprogramm. Weitere zehn Jahre dauerte es, bis wirklich eine neue Ära begann: 2001 kehrten die Oscars heim nach Hollywood, ins Kodak Theatre. Vielleicht als Reminiszenz an das alte Hollywood wurde das Kodak direkt neben dem Grauman's Chinese Theatre errichtet, als Teil des Hollywood & Highland Center, einem Komplex mit Geschäften, Restaurants, Nachtclubs und Hotel. Zur Straße hin offen, führt eine breite, über zwei Stockwerke reichende Treppe zum eigentlichen Eingang des Theaters – und so viel Protz muss es schon sein, auch wenn die Besten des Showbusiness sich nur einmal im Jahr die Ehre geben und die Stufen hinaufsteigen.

Die Touristen dagegen kommen wieder täglich auf den Hollywood Boulevard, Massen strömen in die Filmpaläste der Stadt. Eines der schönsten neueren Kinos ist das ArcLight Hollywood mit dem modernisierten Cinerama Dome, ein Megaplex für Filmfans, mit Bar, Bistro und Ausstellungsräumen. Und wenn sich die digitale 3-D-Technik durchsetzt, werden sich Realität und Film kaum mehr unterscheiden lassen. Hollywood wird dann endgültig ein Kinotraum sein.
Bigger than life – größer als das wahre Leben.

MERIAN | BERÜHMTE KINOS

(J 4) Grauman's Chinese Theatre
1927 eröffnet, für die musikalische Begleitung sorgten ein 65-Mann-Orchester und eine Wurlitzer-Orgel.
6925 Hollwoood Blvd., Tel. 323 464 8111
www.manntheatres.com

(K 4) Egyptian Theatre
Zur Eröffnung 1922 hatte »Robin Hood« von Douglas Fairbanks Premiere. 1998 nach 15-Millionen-Dollar-Renovierung wiedereröffnet.
6712 Hollywood Blvd., Tel. 323 466 3456
www.egyptiantheatre.com

(J 4) El Capitan Theatre
1926 eröffnet, Haus für frühe Tonfilme. 1989-91 restauriert. Heute Heimat von Disney-Produktionen.
6838 Hollywood Blvd., Tel. 818 845 3110
http://disney.go.com/DisneyPictures/el_capitan/

(J 4) Kodak Theatre
Einmal im Jahr die Heimat der Oscars. 3300 Plätze.
6801 Hollywood Blvd., Tel. 323 308 6300
www.kodaktheatre.com

Go Behind The Scenes
Die berühmten Kinotheater entlang des Hollywood Boulevard können zu Fuß erkundet werden. Filmgeschichte und Geschichtchen über Stars inklusive.
www.alllosangelestours.com, Tel. 1 866 654 1622 oder 702 233 1627, 25 Dollar

DENKE ICH AN FRITZ LANG

Er prägte die Ära der Stummfilme, schuf Werke wie »Metropolis« und revolutionierte im Exil in den USA den uramerikanischen Western. Erinnerungen an einen Giganten der Filmgeschichte TEXT CORNELIUS SCHNAUBER

MEIN FREUND FRITZ LANG

Der Regisseur war wie ein Vater für ihn: Kaum einer kannte Lang besser als Cornelius Schnauber, Direktor des Max-Kade-Instituts an der University of Southern California. Für MERIAN schreibt er über den Mann, der von sich selbst sagte: »Meine Martinis sind besser als meine Filme.«

Perfektionist: Fritz Lang misst mit dem Lineal die Kulissen von »Hangmen Also Die« (1943) nach

A ls ich Fritz Lang zum ersten Mal zu einer Diskussion über seine Filme in die University of Southern California einlud, glaubte er nicht, dass sich noch irgendwelche Studenten für ihn interessierten oder irgendeinen seiner Filme kannten. Das Gegenteil war der Fall. Der Saal war so überfüllt, dass wir die Campuspolizei rufen mussten, um zumindest einige Gänge frei zu halten. Das war 1973, seine letzte Filmarbeit mit Jean-Luc Godard in »Die Verachtung« lag schon mehr als zehn Jahre zurück.

Er würde heute noch die Säle füllen. Viele Cineasten halten Fritz Lang für den einflussreichsten Regisseur der Filmgeschichte. Er prägte die Stummfilmära mit Werken wie »Metropolis«, er schuf mit »M – eine Stadt sucht einen Mörder« den ersten deutschen Tonfilm und hat nach dem Urteil des großen Regisseurs Fred Zinnemann Tonfilm-Techniken entwickelt, die auch Hollywood bis heute beeinflusst haben. Und er revolutionierte in seiner Zeit in den USA sogar den uramerikanischen Western, indem er als erster die Studiogelände verließ und im Land der Indianer drehte.

Lang kam als Emigrant nach Hollywood, er war längst nicht der einzige. Zwischen 1933 und 1945 arbeiteten mehr als 1500 deutschsprachige Künstler in Hollywood; viele blieben dort. Der Regisseur George Cukor (»Kameliendame«, »My Fair Lady«) kam in dieser Zeit in eine Hollywood-Kantine und hörte, dass dort alle Regisseure englisch sprachen. Er rief: »Hier wird deutsch gesprochen, wir sind schließlich in Hollywood.« Und der mächtige MGM-Produzent David O. Selznick, der Fritz Lang aus Frankreich weggelockt hatte, sagte es 1934 so: »Deutschlands Verlust ist Amerikas Gewinn.«

Ich lernte Fritz Lang im Frühjahr 1970 beim damaligen Generalkonsul Constantin von Dziembowski kennen. Zu diesem Abendessen kamen auch etliche Emigranten. Lang und ich führten sofort ein intensives Gespräch, es begann eine enge Beziehung. Ich wurde sehr bald sein bester Freund.

I n den folgenden Jahren, bis kurz vor seinem Tod 1976, entwickelten wir ein Ritual. Jeden Samstag, wenn es die Zeit erlaubte, holte ich ihn zum Mittagessen ab, und wir fuhren in ein Restaurant, wo es viel Licht gab, möglichst Tageslicht, damit er trotz seines Augenleidens etwas sehen konnte. Danach fuhren wir zu ihm nach Hause, wo er ein oder zwei seiner Martinis mixte und kokett scherzte: „Meine Martinis sind besser als meine Filme."

Oft waren auch meine Frau Judy und Langs Frau Lily Latté dabei, und wir begannen dann zu diskutieren. Dabei waren wir oft unterschiedlicher Meinung und Lang überraschte mich mit Einschätzungen, die wohl kaum bekannt sind. Seinen wichtigsten Film »Metropolis« etwa lehnte Lang im Alter entschieden ab. Das kam durch Lilys Einfluss. Als Kommunistin kritisierte sie die zentrale Konfliktlösung des Filmes, in dem zwischen Hand (Arbeiter) und Hirn (Unternehmer) das Herz der Vermittler sein sollte. Für sie war das Ende der Ausbeutung nur durch den marxistisch-leninistischen Klassenkampf möglich.

Auch empörte es Fritz Lang, dass einige seiner deutschen Filme wie »Der müde Tod«, die Mabuse- und Nibelungen-Filme, aber auch »Metropolis« oft als expressionistisch bezeichnet wurden. Zu mir sagte er immer wieder: »Ich weiß überhaupt nicht, was Expressionismus ist. Ich habe meine Filme immer nur schlafwandlerisch gemacht.« Ich vertrat ihm gegenüber die Ansicht, dass schon seine deutschen Filme stark vom Erzählerischen bestimmt waren. Deshalb, so argumentierte ich, habe er sich so schnell dem Hollywoodfilm anpassen können, bei dem das Narrative entscheidend ist.

DENKE ICH AN FRITZ LANG

Vater des Film Noir: Fritz Lang (hinter der Kamera) 1951 bei den Dreharbeiten für »Clash by Night«. Ein unzertrennliches Paar: Lang und sein Stoffaffe Peter

Fritz Lang hatte sich damals stark in die amerikanischen Westernfilme vertieft. Er sagte einmal: »Was für die Deutschen die Heldensagen sind, sind für die Amerikaner die Western.« Er hatte Recht. Eine Sagen- und Märchenwelt prägt unser Denken mehr indirekt als direkt. Die Westernfilme und -legenden beeinflussen das Denken der Amerikaner bis heute mehr, als sie es zugeben oder erkennen. Auch ich würde ohne die Sagenwelt aus meiner Kindheit heute Wagners Ring oder Langs Nibelungen weniger gut verstehen.

MERIAN | BIOGRAPHIE

Fritz Lang, geboren am 5. Dezember 1890, arbeitete ab 1917 als Drehbuchautor und heiratete 1922 seine Berliner Kollegin Thea von Harbou. 1933 Flucht nach Paris, 1934 nach Amerika. Seit 1935 amerikanischer Staatsbürger. Tod am 2. August 1976.
Wichtige Werke: Dr. Mabuse, der Spieler, Teil 1 und 2 (1921/22), Metropolis (1927), M – Eine Stadt sucht einen Mörder (1931), Blinde Wut (1936), Rache für Jesse James (1940, erster Western), Heißes Eisen (1953).

Für seinen Westernfilm »Western Union« ging Lang direkt zu den Indianern, unterhielt sich mit ihnen, benutzte sie als Komparsen oder gab ihnen kleine Rollen; und da er sie nie als die Bösen darstellte, wurde er von ihnen sehr geschätzt. Sie bedankten sich bei ihm mit wertvollem, handgearbeitetem Schmuck, den er später meiner Frau Judy schenkte.

Die Beschäftigung mit Amerikas Mythen half Lang auch beim Erlernen der Sprache. Er erzählte mir: »Während ich die englische Sprache und Mentalität vorwiegend durch Comic Strips und durch Gespräche mit den Menschen kennenlernen wollte und deshalb zum Beispiel für einige Wochen unter den Navajo-Indianern in Arizona lebte, so lernte Billy Wilder die englische Sprache vorwiegend durch Sportreportagen und interessierte sich für den Rhythmus und die Dramaturgie der schon damals populären Radio Soap Operas.«

Billy Wilder bestätigte mir das später. Leider war er dabei nicht besonders gut auf Lang zu sprechen. Auch Marlene Dietrich und Henry Fonda mochten ihn nicht, letzterer sagte, Lang habe einen »schwierigen Charakter«, und Marlene Dietrich grollte ihm, angeblich wegen einer von Lang abgebrochenen Affäre.

In seinen amerikanischen Filmen, so sagte ich oft zu Lang, spielten Schuld, Leidenschaft und Schicksal eine dominierende Rolle. Mit dieser Interpretation stieß ich jedoch bei ihm auf Widerstand. Während zum Beispiel in Filmen wie »Fury«, »You Only Live Once« oder »The Big Heat« eindeutig das Schicksal Menschen beinahe oder tatsächlich zu Verbrechern macht, betonte Lang mir gegenüber ständig, das Schicksal spiele im Leben keine Rolle. Alles könne der Mensch selbst bestimmen, selbst seine Leidenschaften. Das widersprach seinen Filmen, auch wenn er selbst davon überzeugt gewesen sein mag.

Seiner Leidenschaft für Frauen jedenfalls gab er gern nach. Er hatte etliche Beziehungen, auch während seiner Ehe mit Lily. Sie sagte mir einmal, er sei auch in meine Frau Judy verliebt gewesen, tatsächlich hörte er sehr auf Judys Meinung, genauso wie auf die Ansichten seiner Frau, auch wenn er Lily gelegentlich »dumme Gans« nannte. Er benutzte solche Ausdrücke als Koseworte, das wurde aber längst nicht von allen so verstanden. Lang hatte so viele mehr oder weniger intensive Verhältnisse, dass er ständig die Namen der Frauen durcheinanderbrachte. Eine seiner Bekanntschaften schenkte ihm einen Stoffaffen und sagte: »Das ist Peter. Du kannst ab jetzt alle deine Geliebten Peter nennen; das bringt weder dich noch die Frauen in Verlegenheit.« In fast allen Briefen an Menschen, die ihm nahe standen, wie zum Beispiel an seine Biographin Lotte Eisner in Paris, erwähnte Lang von da an seinen Stoffaffen Peter und schrieb ihm seine eigenen Gedanken zu. Peter war sein engster Gefährte. Allerdings sagte mir Lang, dass er nie mit einer Schauspielerin ein Verhältnis gehabt hätte, während er mit ihr einen Film drehte.

Lily Latté nahm ihm seine Liaisons nicht übel, denn wie sie zugab, hatte sie ebenfalls ihre Affären. Sie war bereits Langs Sekretärin und Geliebte gewesen, als er noch mit der Drehbuchautorin Thea von Harbou verheiratet war.

Dass Lang 1933 Deutschland verließ, lag nicht zuletzt daran, dass Lily Jüdin war. Lang hätte unter den Nazis durchaus Karriere machen können. Hitler mochte Langs Filme »Metropolis« und »Die Nibelungen« und wollte ihn zum Reichsfilmleiter ernennen. Allerdings hätte Goebbels das sicher zu verhindern versucht, denn der hatte erkannt, dass Lang in seinem Film »Das Testament des Dr. Mabuse« dem wahnsinnigen Verbrecher Mabuse Hitler- und Goebbels-Slogans in den Mund gelegt hatte. Goebbels verbot den Film und hätte Lang wahrscheinlich nur sehr zögernd Hitlers Angebot mitgeteilt.

In Amerika wurde Fritz Lang mit Begeisterung empfangen. Er hatte die Regisseure in Hollywood ja schon beeinflusst, lange bevor er in die USA kam. Besonders »Der müde Tod« (1921) hatte hier Wellen geschlagen, die darin gezeigte lebendige Exotik von Venedig, Bagdad und China wurde in Hollywood sehr bald nachgeahmt. Durch seine Mabuse-Filme gilt Lang heute als Begründer des Film Noir,

»Metropolis« machte ihn zum Vater der Futuristik, und in »M – eine Stadt sucht einen Mörder« veränderte Lang das bis dahin strikt zwischen Gut und Böse unterscheidende Schema der Film-Charaktere. Er brach mit der klaren Trennung zwischen dem einseitig bösen Verbrecher auf der einen und den guten Mitmenschen auf der anderen Seite. Bei Lang ist der Verbrecher tiefenpsychologisch motiviert. In seinen Filmen ist das Verhältnis zu Mord, Selbstmord und Triebhandlungen komplex, besonders »Woman in the Window« gibt in dieser Hinsicht viel Stoff zur Analyse. Töten deutete er entweder nur in Schattenbildern an oder ließ Morde allein aus der Geschichte heraus erkennen.

Fritz Lang starb am 2. August 1976. Als meine Familie und ich ihn das letzte Mal sahen, musste er von einem Krankenwärter ins Wohnzimmer getragen werden. Einmal bemerkte er: »Als Wiener neigte ich zu jener bekannten Wiener Sentimentalität, die ich, nachdem ich sie einmal erkannt hatte, immer mehr und mehr in meinem Leben bekämpfte.« Bezogen auf Deutschland gelang ihm das nicht, ich glaube, er wollte es auch nicht.

Sein Englisch lernte er mit Comic Strips und bei den Indianern

So schrieb er in einem Brief an Lotte Eisner: »Du hast einmal – (genau wie ich) – den deutschen Kulturkreis geschätzt, hast Dich – (genauso wie ich) – gegen den deutschen Antisemitismus aufgelehnt, aber kannst Du Schiller, Kleist, Heine aus Deinem Leben streichen? Den ›Faust‹ liebe ich tief innerlich! Es gibt Dinge, die zu uns gehören und die man nicht aus dem Herzen reißen kann.«

ZU BESUCH BEI DEUTSCHEN IN HOLLYWOOD

KATJA VON GARNIER,
bekannt seit der Regiearbeit für den
Film »Bandits«, mit ihrem Pferd
Pilgrim im Topanga Canyon. »Wenn
ich was für meine Seele brauche,
reite ich hierhin.«

LEBEN wie

Alle sind sich einig: Hollywood ist »the best place on earth«. Exklusiv
für MERIAN beschreiben sieben Deutsche, die hier als Künstler,
Model und Produzenten Karriere gemacht haben, ihre neue Heimat

TEXTE **ANNETTE UTERMARK & HANSJÖRG FALZ** FOTOS **PHILIP KOSCHEL**

im Film

CORNELIA FUNKE
im Gartenhaus ihrer Villa in Berverly Hills. Die Schriftstellerin nennt es »mein Schreibhaus«, weil hier ihre Manuskripte entstehen. Europa hat sie dabei stets im Rücken – zumindest als Karte am Bücherregal

THOMAS KRETSCHMANN
mit Surfboard am Strand. Direkt an der Pazifikküste besitzt der Schauspieler ein »Beachhouse«. Wie seine drei Kinder liebt er das Wellenreiten in der Brandung

TATJANA PATITZ
und Sohn Jonah leben zurückgezogen auf einer Ranch in Malibu. Die alleinerziehende Mutter ist engagierte Umweltschützerin und »auch nach 20 Jahren in Kalifornien immer noch völlig verzaubert von der Natur«

ERIC BRAEDEN ist der fleißigste deutsche Schauspieler in Hollywood. Als Victor Newman, Hauptfigur der Daily Soap »The Young and the Restless«, steht er seit 29 Jahren nahezu täglich im CBS-Studio vor der Kamera. Vormittags liefert ein Kurier das Script beim ihm zu Hause ab, nachmittags wird im CBS-Studio gedreht, Akkordarbeit in der Traumfabrik

ZU BESUCH BEI DEUTSCHEN IN HOLLYWOOD

ERIC BRAEDEN
Der unbekannte Superstar

Die Hierarchie in Hollywood ist zementiert: Die Berühmten, das sind die Filmschauspieler. Die Fleißigen, das sind die Fernsehschauspieler. Eric Braeden ist einer der Fleißigsten. Seit 29 Jahren steht er werktäglich, zwei Wochen Urlaub jeden Dezember einmal ausgeklammert, bei CBS in Studio City vor der Kamera. Seit 1980 mimt er den launenhaften Tycoon Victor Newman in »The Young and the Restless«. Die Seifenoper zieht täglich 10 Millionen Menschen in 30 Ländern in ihren Bann und führt seit 21 Jahren in den Einschaltquoten dieses Genres. Eric Braeden, lobte unlängst die *New York Times*, spiele mit einer »Lebendigkeit, nach der sich andere die Lippen lecken«. Agil. Vital. Und das mit 68. Chapeau! Ausgezeichnet wurde er 1997 mit dem »Emmy«, dem bedeutendsten Fernsehpreis der USA. Und seit dem 20. Juli 2007 hat er einen Stern auf dem »Walk of Fame«.

Eric Braeden ist der populärste Deutsche in Hollywood. Und trotzdem kennt den *King of Soaps* in Deutschland kaum einer. 1994 setzte *Sat.1* nach einem Jahr der Geduld »The Young and the Restless« ab, das Dauerdramolett hatte sich als Quotenflop entpuppt. Und so kennen nur wenige in Deutschland die Geschichte vom Bürgermeistersohn Hans Jörg Gudegast aus Bredenbek bei Kiel, der 1959 per Schiff in die USA emigrierte, sich als Cowboy und Holzfäller in Montana durchschlug, eh er nach Kalifornien kam, wo er hörte, dass Hollywood »Deutsche« suchte. 1969, auf Druck der Studios und dem seiner Frau Dale, einer Amerikanerin, trennte er sich »schweren Herzens« von seinem alten Namen. »You have to change your name!«, verlangte Lew Wasserman, damals der mächtigste Mann Hollywoods. Nur so könne er Karriere machen. In seinem amerikanischen Pass steht heute »Eric Hans Gudegast Braeden.«

Wer den Schauspieler trifft, begegnet einem unprätentiösen, distinguierten Mann. Zum Kennenlernen pflegt er sich im »Café Dana« in Santa Monica zu verabreden. Zum Frühstück. Er kommt dann direkt vom Workout, diesmal in schwarzer Trainingshose, Muskelshirt und dunkler Lederjacke. Er setzt sich hin und bekommt, ohne eine Wort der Bestellung, einen Saft, zu dem er seine Vitaminpillen schluckt, und einen Teller mit Lachs und Ei. Seit 22 Jahren frühstücke Eric täglich hier, erzählt die Chefin später. Und wenn er mal verhindert sei, »dann ruft er an«.

Eric Braeden möchte eigentlich nicht über seinen Beruf sprechen, sagt er. Seifenopern langweilen ihn, hat er *Sports Illustrated* gestanden, das mal einen ellenlangen Bericht über Baseball-, Basketball- und Box-Champions veröffentlichte, die die Figur Victor Newman verehren. Newman alias Braeden alias Gudegast schätzt Sport mehr als die Schauspielerei. »Die Freude ist echt, der Schmerz ist echt.« Er war selbst ein guter Sportler. Leichtathlet beim Rendsburger TSV, 1972 gar US-Fußballmeister.

Lieber als übers Fernsehgeschäft spricht Eric Braeden über Weltpolitik. Noch immer, klagt er, halte sich das ewiggestrige Bild vom bösen Deutschen. Die Studios stellten die Deutschen nur als »Idioten, Kriegsverbrecher und Antisemiten« dar. Als Präsident der von ihm mitgegründeten deutsch-amerikanischen Gesellschaft »German American Cultural Society« geht er regelmäßig auf Vortragsreisen und arbeitet dagegen an, »dass wir nur durch die zwölf dunklen Jahre deutscher Geschichte definiert werden«. Das Thema verfolgt ihn. In den 1960er Jahren spielte Braeden noch als Gudegast in der TV-Serie »Rat Patrol« den Hauptmann Dietrich. Aber den habe er »nicht als stereotypen Nazi« gespielt, so die Tageszeitung *Die Welt*, sondern, wie er es nennt, »menschlich«.

Weil er Deutscher ist, bekam die Filmwelt 1969 übrigens den schlechtesten James Bond aller Zeiten. Eigentlich, erzählt Braeden, hatte sich der Produzent damals schon für ihn als neuen Bond entschieden. Dann kam ganz beiläufig die Frage auf, wo er geboren sei. Deutschland fand man nicht akzeptabel. Und deshalb wurde dann doch das Fotomodel George Lazenby Geheimagent im Auftrag Ihrer Majestät.

KLAUS BADELT
Ein Komponist startet durch

Als Klaus Badelt vor zwölf Jahren das erste Mal nach Los Angeles kam, wollte er eigentlich hier nur Urlaub machen. Eher beiläufig bewarb sich der Komponist um ein Praktikum beim berühmten Kollegen Hans Zimmer – und der engagierte ihn sofort. Wenige Wochen später stand für Badelt fest: Er will hier bleiben, um jeden Preis. Die Arbeit, der Pazifische Ozean, das zauberhafte Licht in den Morgen- und Abendstunden am Meer, das Lebensgefühl in Santa Monica, das alles fesselte ihn. »Es war Risiko pur. In Deutschland war ich etabliert und verdiente gut. Ich schrieb Musik für den ›Tatort‹ und hatte noch mehr renommierte Auftraggeber. In L.A. kannte mich kaum einer, ich musste wieder ganz von vorn anfangen. Aber nach 30 Jahren deutschem Regen hatte ich genug. Hier ist es nie zu heiß und nie zu kalt. Außerdem bin ich ein Lichtanbeter. Man steht morgens auf, die Sonne scheint, und man hat Energie für den ganzen Tag.«

Seine Wohnung in Mannheim löste der heute 41-Jährige auf, ließ seine Auftraggeber wissen, dass er künftig von Los Angeles aus arbeiten werde, und wenige Wochen später fand er sich in einem möblierten Zimmer in Santa Monica wieder. Zusammen mit Hans Zimmer komponierte er die Musik für Kinoerfolge wie »Gladiator« und »Fluch der Karibik« – damit gelang ihm der Durchbruch in Hollywood. Inzwischen hat Badelt sein eigenes Studio, natürlich in Santa Monica, außerdem zwei weitere in Paris und in Peking (von ihm stammt die Musik zur Abschlussfeier der Olympischen Sommerspiele 2008). In Santa Monica komponierte er für »Catwoman«, »Miami Vice« oder »Das Versprechen«. Von seiner Wohnung in der Montana Avenue, wo er mit seiner Freundin und den beiden Söhnen lebt, kann er zur Arbeit und zum Strand radeln. Sein idealer Tag: mit den beiden Kindern zum Brunch zu »Shutters on the Beach«, dann durch das Galerieviertel Bergamot Station schlendern und zur *magic hour* bei Sonnenuntergang an den Strand gehen und im »Beach Club« zu Abend essen.

CORNELIA FUNKE
Schriftstellerin in der Heimat der Träume

Bevor sich Cornelia Funke jeden Morgen gegen zehn Uhr in ihr »Schreibhaus« zurückzieht, kommt Luna zu ihrem Recht. Luna ist die zottelige Hündin der Familie, und Luna will bewegt werden. Die meisten Tage der Schriftstellerin in L.A. beginnen daher mit einem Spaziergang im Franklin Canyon Park – und das ist für sie jedes Mal wieder ein Erlebnis der besonderen Art. In der wilden Natur des 2,4 Quadratkilometer großen Parks inmitten der Megacity Los Angeles streifen nicht nur vierbeinige Haustiere herum, sondern auch Coyoten und Klapperschlangen. Seit Mai 2005 lebt Cornelia Funke mit Sohn Ben und Tochter Anne in ihrem Haus in Beverly Hills unweit des Parks. Schon im Winter zuvor hatte sich die Familie versuchsweise für drei Monate in L.A. aufgehalten, damit die Autorin nicht immer mit neun Stunden Zeitdifferenz mit ihren Geschäftspartnern von New Line Cinema und Warner Bros. telefonieren musste. Die waren gerade dabei, die Geschichte von »Tintenherz«, dieser magischen Reise von Mortimer Folchart und dessen Tochter Meggie, in die Kinos zu bringen. Jedenfalls merkten die bis dahin bei Hamburg lebenden Funkes sofort: »Uns gefallen die Menschen, uns gefällt das Wetter und die wunderschöne Landschaft«. Inzwischen geht Cornelia Funke sogar so weit, die neue Heimat zum »schöns-

ZU BESUCH BEI DEUTSCHEN IN HOLLYWOOD

ten Ort der Welt« zu erklären. Wegen des Franklin Canyon oder des Tujunga Canyon. Und wegen Coffeeshops wie dem »Café Aroma« in West Hollywood, wo sie sich gelegentlich mit ihrem Notebook an einem Tisch niederlässt, um ihre Mails zu beantworten. Zum Schreiben zieht sie sich jedoch immer wieder in ihr Schreibhaus im Garten ihrer Villa zurück. Der Weg dorthin führt durch ein mit Büchern, DVDs und Drachen (»die sammle ich«) vollgestopftes Haus, durch den Garten, vorbei am Pool in ein Gartenhäuschen. Darin stehen eine mächtige Bücherwand und ein großer Schreibtisch. Doch hinter dem sitzt sie nie, wenn sie schreibt. Sie bevorzugt dafür den Platz auf der Couch gegenüber. Dort lümmelt sie sich hin, stülpt sich Kopfhörer über. Hört Musik und schreibt. Und schwebt davon in ihre Phantasiewelt.

Hollywood-Produktion »Iron Jawed Angels« gewann sie die Oscar-Preisträgerinnen Hilary Swank und Anjelica Huston. Letztere bekam für diese Rolle sogar einen Golden Globe. Damit war Katja von Garnier der Sprung ins große Filmbusiness gelungen. »Die Kombination von hohem kommerziellen Anspruch mit Qualität gefällt mir«, sagt sie. »Das Geschäft ist hier zwar härter als in Deutschland, aber der Spruch *If you make it there, you can make it anywhere* passt nicht nur für New York, sondern auch gut zu L.A.« Dennoch ist sie beruflich nicht komplett auf Hollywood fixiert. »Deutschland und die USA inspirieren mich beide, an beiden Orten habe ich gute Freunde.« Für Los Angeles als Lebensmittelpunkt sprechen jedoch die hohe Lebensqualität (»Ich liebe es, fast jeden Tag des Jahres mit Sonne aufzuwachen.«), die Mentalität der Menschen (»Individualität wird hier gefeiert, das Freiheitsgefühl ist einzigartig.«) und ihre Pferde Pilgrim und Treah, auf denen sie am liebsten im Topanga Canyon reitet. »Einer meiner Lieblingsorte in L.A. Er hat eine besondere Kraft. Man reitet durch die Berge und blickt aufs Meer. Wenn ich was für meine Seele brauche, finde ich es hier.«

KATJA VON GARNIER
Regisseurin mit Freiheitsdrang

Die *New York Times* bezeichnete ihren Film als »stilsicheres, lebhaftes Entertainment«, und für das amerikanische Filmblatt *Variety* gehörte sie zu den zehn wichtigsten Nachwuchs-Regisseurinnen. Als Katja von Garnier Ende der neunziger Jahre für ihren mehrfach preisgekrönten Film »Bandits« derart von der US-Presse gelobt wurde, häuften sich Angebote aus Hollywood, denen sie einfach nicht widerstehen konnte. »Ich war neugierig, und dieser Neugier wollte ich nachgehen«, sagt sie. 1998 nahm sich die gebürtige Wiesbadenerin eine kleine Wohnung in den Hollywood Hills und schaute sich um. Drei Jahre später kaufte sie ein Haus oberhalb des Hollywood-Zeichens, wo sie heute noch mit ihrem Mann Markus Goller, ebenfalls Regisseur, und ihren beiden Kindern lebt. Für ihre erste

CORINA DANCKWERTS
Produzentin im Dauereinsatz

Wenn Corina Danckwerts unter Strom steht, und das tut sie eigentlich immer, fliegen ihre Finger nonstop über die Tastatur ihres Blackberrys. Zeitgleich bespricht sie sich mit ihrer Partnerin Andrea Balen (im Bild rechts), sortiert Gesprächsnotizen und arbeitet hartnäckig am aktuellen Auftrag: Für Roland Emmerich muss die ehemalige Philosophie-Studentin einen gigantischen Alien aus dem Film »Independence Day« nach Deutschland verschicken, er soll im Filmmuseum in Berlin ausgestellt werden. Eine logistische Herausforderung: »Es ist ein echtes Abenteuer, dieses Biest auf den Weg zu bringen«. Bei Corina Danckwerts laufen die Fäden zusammen, wenn es um Hollywood und die Deutschen geht. Vor 13 Jahren grün-

deten die Powerfrauen Balen und Danckwerts im Stadtteil Silver Lake ihre Produktionsgesellschaft Capture Film. Die Phase des Aufbruchs ist abgeschlossen, die beiden unterhalten ihr Büro heute im Loft von Gebäude 5 in den Hollywood Center Studios. Hollywood habe sie gegen ihren Willen lieben gelernt, sagt Corina Danckwerts. Heute ist sie hier wirklich zu Hause, arbeitet nicht nur als Produzentin, sondern vermarktete bis Juli 2009 als Auslandsbeauftragte von German Films zehn Jahre lang deutsche Filme an der Westküste. Sie gründete das Deutsche Filmfestival in Los Angeles. Für das deutsche Generalkonsulat organisierte sie alljährlich die deutsche Oscar-Party in der Villa Aurora in Pacific Palisades. Stolze Mutter des kleinen James ist sie noch dazu. Viel zu tun also. Im Sommer 2009 kam die Capture-Film-Produktion »Dark Streets« auf DVD heraus, ihr Lieblingsprojekt. In dem Film, der mit brillanter Musik (Natalie Cole) aufwartet, wird die wechselhafte Geschichte des Nachtclubbesitzers Chaz in Downtown L.A. erzählt. Nun steuert und befeuert sie die »Release«-Kampagne. »Wer in Los Angeles lebt«, sagt sie, »lebt nach der Devise: *Wouldn't we all go crazy if we wouldn't be insane*«.

THOMAS KRETSCHMANN
Ein Schauspieler, der sich verwöhnt

TATJANA PATITZ
Ein Model meidet den Glamour

Malibu ist für Tatjana Patitz ganz anderes als Los Angeles. Zwar zählt der Küstenort am Pazifik mit seinen 12 000 Einwohnern zum nordwestlichen Teil von Los Angeles County, aber das Lebensgefühl sei hier ein komplett anderes als in der City. »Ich liebe Kalifornien, aber eben nicht Los Angeles und diesen unerträglichen Straßenverkehr«, sagt die 43-Jährige, die in den neunziger Jahren neben Cindy Crawford, Naomi Campbell und Linda Evangelista zu den begehrtesten Supermodels der Welt zählte. Seit etwa zwanzig Jahren lebt sie auf ihrer eigenen Pferderanch. »Ich bin wegen der tollen Strände, der Berge, der unberührten Natur und Tierwelt hierher gezogen.« Konsequent meidet sie Glamour und Scheinwerferlicht. Lieber reitet sie aus. Oder sie geht mit ihrem sechsjährigen Sohn Jonah an den Strand und schaut den Surfern und Fischern zu. Später sitzen die beiden gemütlich im »Ruby's« auf dem Malibu Pier. Und der Rummel von Hollywood ist ganz weit weg.

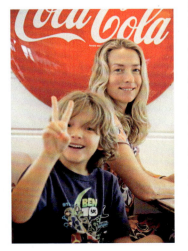

Wer in einer Stadt eine lebensbedrohliche Erfahrung macht, bleibt ihr entweder für immer fern oder muss immer wieder zurückkehren. Thomas Kretschmann wurde 1991 bei seinem ersten L.A.-Besuch aus dem Schlaf geweckt, weil die Erde bebte. »Ganz Los Angeles verbrachte drei Tage auf der Straße, weil es zu unsicher war, zurück in die Häuser zu gehen. Nach dem ersten Schreck dachte ich mir: Hier ist das Leben unberechenbar, hier kommt alles anders, als man denkt. Das ist aufregend, so soll mein Leben sein – also bleibe ich hier!« Natürlich wollte Thomas Kretschmann auch herausfinden, »ob ich es in Hollywood packen würde«. Seine Rollen in Kinoerfolgen wie »Der Pianist«, »King Kong« und »Operation Walküre« beweisen: Er hat es geschafft. Der 47-Jährige zählt zu den bekanntesten deutschen Schauspielern in Hollywood, er hat mit Regisseuren wie Bryan Singer und Peter Jackson gearbeitet und stand an der Seite von Angelina Jolie und Tom Cruise vor der Kamera. Er besitzt ein Haus in den Hollywood Hills, und vor zwei Jahren kaufte er sich eines am Strand von Malibu, direkt am Meer. »Ich stelle die Koffer ab und bin gleich am Strand. Das ist, als ob ich im Urlaub ankomme. Meine drei Kinder sind den ganzen Tag draußen, wir verbringen viel Zeit beim Surfen.« Manchmal würden sie um die Ecke zu »Neptune's Net« essen gehen. Und wenn er spontan skifahren wolle, »bin ich in einer Stunde am Big Bear Mountain«. Das sei Lebensqualität pur, darum fühle sich L. A. seit 13 Jahren so gut an. »Es gibt Leute, die haben tolle Autos und ständig neue, schicke Outfits, aber wenn man zu denen nach Hause kommt, dann leben die in einem Wandschrank. Bei mir ist es anders. Ich muss mir nicht oft was kaufen. Ich hab's gern schön, wo ich zu Hause bin. So verwöhne ich mich.«

Trendsetter: Mit seinen Bildern unter dem Signum »OBEY« (»Gehorche«) schuf der Street Artist Shepard Fairey eine Lifestylemarke, die ihn reich und berühmt machte

Kunst auf offener Straße

Schmierereien oder Meisterwerke? Los Angeles ist eines der bedeutendsten Zentren der Street Art. Eine Spurensuche – immer an der Wand entlang

TEXT **STEFAN KLOO** FOTOS **PHILIP KOSCHEL**

Der etablierten Kunst aufs Dach steigen: eine Installation von Mark Jenkins auf der Kinnsey/DesForges Gallery

Bollywood in Hollywood: farbenfrohe Wandmalerei der lokalen Street-Art-Größen Rentna und ElMac auf der Western Avenue

Urmensch mit McMenü: Die berühmte Schablonenarbeit des britischen Künstlers Banksy ziert die Hauswand eines Secondhand-Ladens auf dem Beverly Boulevard

Große Gemälde, Stilikonen – morgen kann alles vergangen sein

Karriere mit dem Kult: von der Häuserwand ins National-museum

Jeder kennt dieses Bild: Barack Obama, den Kopf leicht schief gelegt, ein Schatten auf der linken Hälfte seines Gesichts, unten in Blockbuchstaben das Wort *HOPE*, »Hoffnung«. Es wurde zum Schlüsselmotiv von Obamas Kampagne und stammt doch aus keinem seiner Wahlkampfbüros. Im Frühjahr 2008 tauchte es plötzlich in den Straßen von L.A. auf. *HOPE* war unvermittelt überall, rüde an Telefonkästen, Fassaden und Bauzäune gekleistert. *HOPE* lag in der Luft, und das Plakat sprach zu denen, die es sehen konnten, mit Stolz und einem aufmüpfigen Unterton, mal leise, mal laut.

Wäre die Sache wie gewöhnlich gelaufen, dann wäre ein, zwei Tage später ein Reinigungstrupp vorbeigekommen, hätte die Bilder übermalt und verschwinden lassen. Stattdessen ist das Motiv zum Symbol geworden, wurde von Obamas Wahlkampfstrategen dankbar benutzt, ging via Internet um die Welt – und hängt jetzt in der Nationalen Porträtgalerie.

Es ist eine dieser Geschichten, die so wunderbar in die Anekdotensammlung des American Dream passen: ein scheinbar achtlos hingekleistertes Plakat schafft es in eines der ehrwürdigsten Museen der USA, der Street Artist wird zum Millionär. Tatsächlich ist Shepard Fairey reich und berühmt. Die Galerien reißen sich um seine Arbeiten, Stars klopfen ihm auf die Schulter. Fairey hat Street Art – fast unfreiwillig – gesellschaftsfähig gemacht.

Dabei ist Fairey, 39 Jahre alt, kurze Haare, eloquent und selbstbewusst, nicht der Tellerwäscher, den sein Glück überrumpelt. Er arbeitet schon lange auf der Straße, genießt es, in der Grauzone zwischen Legalität und Vandalismus seine persönliche Propaganda zu organisieren. Er sagt das tatsächlich so: »Propaganda«. Das Wort sei ihm viel zu negativ besetzt, erklärt er, für ihn hat der Begriff etwas Positives: die Methode, für seine eigenen

Vorstellungen und Ideen einzustehen, »das, wofür es sich zu leben lohnt«.

Das Obama-Plakat war der brennende Papierkorb auf der Straße, der sich von L.A. aus zu einem Flächenbrand ausbreitete, aber es war nicht das erste und einzige Feuer, das Fairey gelegt hat. Legendär ist mittlerweile seine »Obey Giant«-Kampagne: In den 1990ern tauchte die stilisierte stoische Fratze des Wrestlers André the Giant in Los Angeles auf, darunter der Befehl *OBEY*, »Gehorche«.

Die Angelenos standen damals ratlos vor diesen Postern, Stickern und gesprühten Schablonen in ihrer Stadt. In ihren Gesichtern stand die Frage: »Was soll das?« Wer nachdachte, fand eine ernsthafte Anregung, seine gewöhnlichen Sehweisen zu überdenken. »Warum soll ich gehorchen – und wem?« Mit der inhaltslosen Ikone des Wrestlers entlarvte Fairey die entmündigende Mechanik und Macht der visuellen Medien. Für ihn eine kalkulierte Übung in Propaganda, Massenkommunikation und Medienhörigkeit.

OBEY wurde zum Warenzeichen ohne Produkt, eine umgekehrte Markenbildung. Mittlerweile werden unter dieser Marke, Faireys Marke, erfolgreich Kleidung, Skateboards, Drucke, Designerspielzeug und Lifestyle-Accessoires verkauft. Fairey organisiert neben seinen komplett ausverkauften Ausstellungen noch ein Modelabel, seine eigene Galerie, sein gefragtes Designstudio, sein Magazin *Swindle* und seine DJ-Karriere.

Street Art verlangt vom Betrachter zuerst einmal nicht viel: kein Hintergrundwissen, keine geschultes Auge. Nur eines ist wichtig: Aufmerksamkeit. Die Bilder, Zeichen, Aktionen der Street-Art-Protagonisten sind die Ausnahmen von der Regel, quasi der subversive Schluckauf einer Metropole, die von der einheitlichen Dichte der plakativen Mitteilungen lebt und darauf angewiesen ist, dass der Betrachter diese unreflektiert aufnimmt. Mit Straßenkunst im herkömmlichen Sinn, mit Leierkastenmann, Kreidemaler oder

dem Pantomimen in der Fußgängerzone, hat Street Art nur gemein, dass sie im öffentlichen Raum stattfindet. Viele Künstler lehnen den Begriff ab, sie haben ihre eigenen Namen für ihr Genre: »Guerilla Art«, »Urban Art« beschreiben alle denselben Elefanten von verschiedenen Seiten. Für die Kritiker ist Street Art eine gewissenlose Zumutung ohne Gestaltungswillen, sprich Schmiererei. Die Akteure selbst sehen in ihrer Kunst ein selbstloses Geschenk an die Stadt. Sie arbeiten zunächst ohne Mandat und Kommission, angespornt von der Dringlichkeit ihrer Ideen, dem Verlangen, ein Lebensgefühl zu artikulieren, und nicht selten einer gehörigen Portion Geltungssucht. Sie bewegen sich immer am Limit dessen, was das Gesetz erlaubt.

Es wäre zu einfach, die Auseinandersetzung mit Street Art auf die eine Frage zu reduzieren: Ist das Kunst oder Vandalismus? Beides koexistiert: Genauso könnte man ein Orchester mit einer Punkband vergleichen und den Genuss eines perfekt dargebotenen Meisterwerks der unveräußerlichen Authentizität einer leidenschaftlich gejohlten Hymne gegenüberstellen. Graffiti etwa wird von Kritikern und

1 Glaube: Der prächtige Buddha von Retna und ElMac ziert eine Autowaschanlage **2** Hoffnung: Das Obama-Plakat von Shepard Fairey schaffte es von der Straße bis in die Nationale Porträtgalerie **3** Rattenwitz: »Ich bin aus dem Bett und angezogen, was wollt ihr denn sonst noch?«, fragt Banksys »Rat« an einer Hauswand in der Melrose Avenue

1

2

Alles muss schnell gehen, das Werk will prominent platziert sein

den Stadtbildpflegern oft als sinnloser Ausdruck einer querulanten Subkultur kriminalisiert, für viele Street-Art-Künstler und -Liebhaber ist es die Mutter der Zunft. Gerade in Los Angeles hat Graffiti eine lange bewegte Tradition, die Szene ist schillernd und äußerst lebendig.

Vieles, was Street Art ausmacht, ist eine Konsequenz des Vorgehens gegen sie. Alles muss schnell gehen, aber das Werk will auch prominent platziert sein. Vorgefertigte Poster oder ausgeschnittenes Papier werden an Zäune, Schaltkästen, Wände und Türen gekleistert, Schablonen, oft in mehreren Lagen, werden hastig gesprüht, Sticker flächendeckend im Vorbeigehen geklebt.

Der Künstler möchte seine Arbeit so prominent und dauerhaft wie möglich anbringen, die Stadtverwaltung will genau das Gegenteil: weg damit, so schnell wie möglich. Und so sehr Street Artists in Los Angeles die Zwischenräume und das Niemandsland suchen, den Anstrengungen der Stadtverwaltung und ihrer Auftragnehmer, die mit Farbroller oder Sprühpistole alles in uniformem Beige oder Grau übertünchen, entkommen nur die unzugänglichsten Arbeiten – oder die legalen.

Das Office of Community Beautification (OCB) der Stadt Los Angeles entfernte zwischen Juli 2007 und Juni 2008 knapp drei Millionen Quadrat-meter Graffiti, wobei das OCB kategorisch alles zu Graffiti erklärt, was nicht ins inszenierte Stadtbild gehört, also sämtliche Spielarten der Street Art.

Die Zahlen sind imposant, L.A. ist eines der wichtigsten Zentren der Street Art. Und dennoch fällt sie einem in dieser Stadt nicht ins Auge, denn die Werke sind weit verstreut. Es braucht Zeit und die Lust am Aufspüren. Wer beides aufbringt, wird mit immer neuen Entdeckungen belohnt. Selbst dem nur beiläufig interessierten Touristen fallen irgendwann die zerrissenen Poster, die kryptischen Markierungen auf, die wie Gaunerzinken an Telefonkästen oder Ampeln prangen. Street Art ist allgegenwärtig, aber nicht zu fassen. Ihre Gegensätze machen diese Disziplin so spannend: Diejenigen, die sie nicht haben wollen, können sie nicht loswerden, und die, die sie haben wollen, bekommen sie nicht. Street Art ist flüchtig, das macht sie kostbar. ∎

Stefan Kloo lebt in Los Angeles und sammelt seit 15 Jahren Street Art. Er gehört zu den besten Kennern der Szene.

1 Feuer frei: Panzer gehören zu den bevorzugten Motiven des L.A.-Künstlers INEPT 2 Haie der Großstadt: Die »Sharks« schwimmen am »Rotting Fence« im Echo Park

---

MERIAN | INFO

So finden Sie Street Art in Los Angeles

Lohnenswert ist ein Spaziergang durch **die Gassen parallel zur Melrose Avenue zwischen Fairfax und La Brea.** Auch der **Arts District in Downtown** und einige prominente Ecken in **Venice** sind vielversprechend.
Legal Pieces, Arbeiten, die von den Besitzern toleriert oder erwünscht werden, können aufwendiger gestaltet werden. Die von den lokalen Street-Art-Größen **Retna** und **El Mac** bemalte **Tankstelle in der Western Avenue** (nördlich von Melrose Ave.) hat das Kaliber einer Freiluftinszenierung. Die Buddhas, ergänzt durch kalligrafische Intarsien, beeindrucken selbst Street-Art-Kritiker.
Kleine unauffällige Mosaike aus quadratischen Fliesen, die an die Figuren des Videospiels »Space Invaders« angelehnt sind, markieren die Eingriffe des weltweit agierenden französischen Künstlers **Space Invader**. In sechs Los-Angeles-»Invasionen« hinterließ er 134 der Pixel-Ikonen – Berlin hat dagegen nur elf. Die Plätze, an denen die Invader-Mosaiktafeln angebracht wurden, sind vom Künstler akribisch dokumentiert worden (www.space-invaders.com). Das via Bildschirm in die Welt getragene Versteckspiel lädt zu einer Schnitzeljagd ein, an deren Ende man ein Los Angeles gesehen hat, das den meisten Touristen verborgen bleibt.
Die wenigen verbliebenen Schablonenarbeiten des britischen Street-Art-Schwergewichts **Banksy** entstanden im September 2006 und sind für Fans wahre Wallfahrtstätten. Sein Urmensch mit McMenü auf dem Tablett, der die Hauswand des Secondhand-Ladens bei **7165 Beverly Boulevard** ziert, schlägt als Fotomotiv so manchen Stern auf dem Hollywood Blvd. Berühmt ist auch die Ratte, die von einer Fassade in der **Melrose Avenue** (zwischen La Brea und Highland) resigniert fragt: »Ich bin aus dem Bett und angezogen, was wollt ihr denn sonst noch?« Hinter einer Plane und einem Bretterverhau hat inzwischen die Besitzer der Tankstelle in **307 N. La Brea Avenue** Banksys Rotkäppchen, das nicht vom Wolf, sondern von einer Überwachungskamera aufgehalten wird, versteckt. Vermutlich hat auch er davon gehört, dass in London ein Banksy-Graffito mitsamt der dazugehörigen Wand gestohlen wurde.
Gute Street Art erzeugt ein Interesse am Künstler und damit eine Nachfrage, die inzwischen einige engagierte Galerien befriedigen. In Los Angeles haben etwa Häuser wie **Carmichael** (1257 N. La Brea), **New Image Art** (7908 Santa Monica Blvd.), **Thinkspace** (4210 Santa Monica Blvd.), **Merry Karnowsky** (170 S. La Brea) und **Kinsey/Des-Forges** (6009 Washington Blvd.) vielen Street-Künstlern ermöglicht, durch Ausstellungen ein interessiertes Publikum und Anerkennung zu finden.

www.merian.de **MERIAN 89**

Leuchtkraft: Museumsdirektor Michael Govan und seine Frau Katherine Ross posieren in einer Installation aus altmodischen Laternen vor dem Los Angeles County Museum of Art (LACMA)

Offen für Experimente

Mit spektakulären Ausstellungen im L.A. County Museum of Art will Los Angeles endlich als Hochburg zeitgenössischer Kunst ernst genommen werden – und der New Yorker Szene eins auswischen

TEXT **KAROLINE RIESE** FOTOS **PHILIP KOSCHEL**

Kunst oder Kitsch?
Jeff Koons' »Cracked Egg«
und seine Porzellan-
statue »St. John the Baptist«
sind als Leihgaben der
»Broad Art Foundation« im
LACMA-Neubau zu sehen

Die schrillen Schätze
des Eli Broad

Hollywood flirtet mit der Kunst

Um zu verstehen, warum 2008 ausgerechnet Los Angeles das spektakuläre Museum für zeitgenössische Kunst, das »Broad Contemporary Art Museum«, bekommen hat, müssen wir an die Ostküste schauen. Denn wie so häufig in der amerikanischen Geschichte ist die Rivalität zwischen Ost und West, namentlich zwischen New York und Los Angeles, Auslöser für große Geschichten, großes Geld und – in diesem Fall – große Kunst. 60 Millionen Dollar seines Vermögens war das Museum dem Selfmademan Eli Broad wert. 60 Millionen, um Los Angeles zu einer seriösen Kunstmetropole zu machen, abseits der Unterhaltungsindustrie und des Glamours von Hollywood. 60 Millionen, um New York und seiner borniertren Kunstszene eins auszuwischen.

Schauen wir also nach New York, wo sich Eli Broads jüdische Eltern, aus Litauen eingewandert, in den zwanziger Jahren kennenlernten: *If you can make it here, you make it anywhere,* mögen sie sich gedacht haben. Aber die Broads »machten« es hier nicht. Eingewandert, aber nie angekommen, schmeckte ihr Stück vom *Big Apple* alles andere als süß, sauer verdient waren die wenigen Dollar, die Broads Vater mit Gelegenheitsarbeiten nach Hause brachte. New York zeigte den Broads die kalte Schulter. Das Ehepaar blieb im Osten, zog aber weiter nach Detroit, wo es mit einem Krämerladen zu bescheidenem Wohlstand kam. Hier in Detroit, Michigan, wo einst das dunkle Herz der amerikanischen Industrie schlug, wurde Eli Broad 1933 geboren.

Dennis Hopper gehört zu den Hollywood-Stars, deren Kunstinteresse nicht bloß aufgesetzt ist. Seine Fotoarbeiten werden von renommierten Galerien gezeigt

Kunst und Detroit, das passt ungefähr so gut zusammen wie Cecilia Bartoli als Sängerin von »Metallica«. Und doch wurde aus Eli Broad nicht nur einer der reichsten Männer der Welt, sondern auch einer der größten Kunstsammler und Mäzene unserer Zeit. Sein Privatvermögen wird auf vier bis sechs Milliarden Dollar geschätzt, angehäuft hat Broad es hauptsächlich mit Bau, Immobilien und Versicherungen. New York hat er nie verziehen.

Wie die meisten der rund 200 amerikanischen Milliardäre zog es ihn nach Kalifornien. Für Kunst begann er sich vor rund vier Jahrzehnten zu interessieren, Ehefrau Edythe soll diese Leidenschaft in dem als grantig und herrschsüchtig geltenden Tycoon geweckt haben, als sie in den Sechzigern ein Originalplakat von Henri de Toulouse-Lautrec erwarb.

Seinen ersten Vincent van Gogh kaufte Broad dann 1972, von dem er sich schnell wieder trennte, als er die zeitgenössischen Künstler für sich entdeckte: Andy Warhol, Jeff Koons, Robert Rauschenberg und Jasper Johns, Künstler, die in New York ausgestellt und gefeiert wurden, dort auch oft ihre künstlerische „Homebase" hatten. Broad kaufte ihre Werke wie kleine Kinder Panini-Sammelbilder. Er sitzt im Vorstand des MoMA, und die Fachzeitschrift *ARTNews* zählt ihn zu den zehn größten *art collectors* der Welt. Und nicht nur das: Broad begann das als kulturell gegenüber der Ostküste minderwertig geltende Kalifornien mit Großprojekten aufzurüsten. Hier 18 Millionen Dollar für den Bau der »Walt Disney Concert Hall«, dort über 20 Millionen für das »Broad Arts Center« der University of California in Los Angeles. Dazu kommt seine »Broad Art Foundation«, die die rund 1500 Werke seiner Sammlung weltweit an Museen und Galerien verleiht. Und schließlich besagte 60 Millionen für den Umbau des Los Angeles County Museum of Art (LACMA), das sein neues Gebäude nach dem Spender benannt hat: Broad Contemporary Art Museum at LACMA.

Dessen Eröffnung im Februar 2008 sei das Kunstereignis des Millenniums gewesen, befand Glenn O'Brien, damals Chefredakteur des von Andy Warhol gegründeten Magazins *Interview*,

94 MERIAN   www.merian.de

Die Kunst soll gefeiert werden, nicht die Architektur. Darum ist das Broad Contemporary Art Museum von Renzo Piano ein eher schlichter Bau

und fragte: »Ist L.A. das neue New York?« Hollywood und die Kunst haben schon immer miteinander geflirtet. Doch während an der Ostküste der Abstrakte Expressionismus und Pop Art geboren wurden, die Museen ihre Sammlungen ausbauten und der Kunsthandel in New York immer mehr florierte, genoss die Künstlergemeinde an der Westküste den Lifestyle des sonnigen Kaliforniens. Der Brite David Hockney malte hier seine Bilderserie, die das Symbol des dekadenten *easy living*, die Swimmingpools von Los Angeles, zum Thema hatte. Künstler wie James Turrell ließen sich vom wolkenlosen Himmel und von den Farben des Pazifik inspirieren. Der in L.A. lebende Ed Ruscha, der 1956 als junger Mann in seinem Ford aus Oklahoma angereist kam, fotografierte Mitte der sechziger Jahre jedes Gebäude am Sunset Strip. Ein paar Jahre später knöpfte er sich das berühmte Hollywood-Zeichen vor. Um schließlich auf einem Bild festzustellen: *Hollywood Is A Verb*. Keine Stadt also, sondern eine Handlung.

Und gehandelt hat Eli Broad. Sein Museumsneubau wurde vom Star-Architekten Renzo Piano entworfen und mit Museumsdirektor Michael Govan und seiner Frau Katherine Ross wurde das perfekte Paar für die L.A.-Mission verpflichtet: Die beiden sehen selbst aus wie Kinostars und verbreiten den Glamour, der in einer Filmstadt nun mal notwendig ist, um Kultur schmackhaft zu machen.

Auch Govan ist ein »Beutestück«. 2006 zog er aus New York für seinen neuen Posten nach Los Angeles. »Los Angeles ist eine junge Stadt«, sagt er. Offener und damit experimenteller als an anderen Orten der USA gehe es an der Westküste zu. Deshalb können sich hier die *bad boys* des Kunstbetriebs wie Paul McCarthy, Mike Kelly oder Tim Hawkinson mit ihren grotesken, ironischen, gern auch bitterbösen Werken austoben.

Manche Kritiker von der Ostküste nehmen das LACMA als Konkurrenz noch immer nicht ernst, sehen es eher als Trophäensammlung denn als hochkarätiges Museum für zeitgenössische Kunst. Dagegen ist für Michael Govan das Ziel klar: Dem LACMA als historischem Museum

Eli Broad, Milliardär und Kunstsammler, hier mit seiner Frau Edythe, ist großzügiger Sponsor des LACMA

Das Getty Center mit dem J. Paul Getty Museum, entworfen von dem Architekten Richard Meier

Steve Martin rollt nicht nur in »L.A. Story« durch die Europasammlung des LACMA. Er kommt auch gern privat

soll das Meisterstück gelingen, am Puls der Zeit zu sein und der zeitgenössischen Kunst eine führende Rolle einzuräumen.

Um das zu erreichen, soll die Institution in drei Phasen umgerüstet werden. Den LACMA-Campus mit seinen verstreuten Gebäuden, den Renzo Piano vorfand, bevor er ihn mit dem 56 Millionen Dollar teuren Neubau bereicherte, beschrieb der Architekt allerdings als Schlamassel. »Es ist sehr frustrierend, inmitten von schlechten Rockkonzerten ein gutes Stück mit einem Streichquartett zu spielen«, warnte Piano seinen Auftraggeber. Das Ergebnis seiner Arbeit sind Travertinkästen, die mit roten Zugängen versehen sind. Das Aufregendste an Pianos Museum, mit dem das LACMA aus dem Schatten des reichen, aus dem Nachlass von Öl-Milliardär Jean Paul Getty finanzierten Getty Center und dem Museum of Contemporary Art (MOCA) katapultiert werden soll, ist das Zackendach. Sonnenblenden lassen das malerische kalifornische Licht einfallen. Mit dem schmucklosen Museum wird ganz offensichtlich die Kunst und nicht die Architektur gefeiert. Viele gezeigte Werke stammen aus der Sammlung des großzügigen Leihgebers Eli Broad. Das nächste Gebäude, ebenfalls von Piano, ist in Planung. Michael Govan hat alle Hände voll zu tun, Spendengelder dafür einzusammeln. Was kein Spaß ist, weil die Dollars auch bei den Kunstliebhabern nicht mehr so locker sitzen wie einst.

Die Museumswelt leidet darunter, der Künstlergemeinde von Los Angeles kommt die Krise zugute. »New York können sich viele Künstler nicht mehr leisten, also ziehen sie hierher«, erzählt Dennis Hopper. Der inzwischen 73-jährige Hopper macht neben seiner Arbeit als Schauspieler und Regisseur von Meisterwerken wie »Easy Rider« und »Colors – Farben der Gewalt« seit jungen Jahren Kunst und wird von wichtigen Galeristen vertreten. »Los Angeles, das sind für mich Palmen, Himmel und Billboards«, sagt Dennis Hopper, der die Fotos, die er in den sechziger

Du bist in L.A. nur so viel wert wie deine Sammlung

> **MERIAN | TIPP**
>
> ## Die besten Museen
>
> **J. Paul Getty Museum (im Getty Center)**
> Das Museum, das seit 1997 in dem von Richard Meier entworfenen Getty Center untergebracht ist, wurde 1954 in Malibu eröffnet und fußt auf der Sammlung des Öl-Magnaten Jean Paul Getty. Die Sammlung ist enzyklopädisch, das »Getty« gehört zu den größten Museen der Welt, die Bandbreite reicht von mittelalterlicher Kunst bis hin zu zeitgenössischer Fotografie.
> 1200 Getty Center Drive
> Tel. 310 440 7300
> www.getty.edu
>
> **Los Angeles County Museum of Art (LACMA)**
> Die Sammlung umfasst über 100 000 Werke, besonders vielfältig ist sie im Bereich asiatischer, islamischer und lateinamerikanischer Kunst. Erlesen ist die Sammlung flämischer und holländischer Meister sowie der französischen Impressionisten. Wie in den USA üblich, waren schon immer Schenkungen privater Förderer für die herausragende Qualität des LACMA von Bedeutung. War es in den Jahren nach dem Zweiten Weltkrieg unter anderem der Medien-Tycoon William Randolph Hearst, der das Museum bereicherte, ist heute der Milliardär Eli Broad einer der großen Förderer. Auf sein Engagement geht auch der von Renzo Piano gestaltete Neubau zurück, der seit 2008 der zeitgenössischen Kunst im LACMA ein Zuhause gibt.
> 5905 Wilshire Blvd.
> Tel. 323 857 6000
> www.lacma.org
>
> **Museum of Contemporary Art (MOCA)**
> Bislang die wichtigste Bühne für zeitgenössische Kunst in Los Angeles, doch die Konkurrenz durch den LACMA-Neubau wird sicher auch das MOCA antreiben. Neben Werken von etablierten Größen wie Mark Rothko, Roy Lichtenstein, Julian Schnabel und anderen, zeigt das Museum regelmäßig auch Werke junger Künstler.
> 250 South Grand Ave.
> Tel. 213 626 6222
> www.moca.org

Jahren schoss, heute auf riesige Leinwände malen lässt. Filme allein reichen ihm nicht mehr, er will auf dieser Welt etwas mit Substanz hinterlassen.

Die Filmbranche hat schon immer die Nähe zur bildenden Kunst gesucht. Sei es als Inspiration oder um Ausgleich zu der oberflächlichen Movie-Industrie zu finden. Obendrein verspricht die Kunst alles, woran man in Hollywood glaubt: an den Status und den Eintritt in eine exklusive Welt. Hollywood-Stars, die »in Kunst machen« sind zahlreich, Jane Fonda, Pierce Brosnan, Sylvester Stallone, David Lynch, Jack Nicholson, Brad Pitt, und Steve Martin, die Liste ist lang. »In L.A. bist du nur so groß wie der Wert deiner Sammlung«, titelte die britische Tageszeitung *Independent*.

Da ist viel Wahres dran, der Milliardär Eli Broad hat es geschafft, Mitstreiter in seinem Kampf gegen die etablierte Kunstszene von der Ostküste zu finden. Mehr als 200 Galerien und Kunstberater gibt es heute in Los Angeles und Umgebung. Während Filme für Geld und Business stehen, soll die Kunst, mit der man seine Villa schmückt, Ernst und Kreativität in ein Leben voller Actionstreifen oder Klamauk-Komödien bringen. Los Angeles sei eine von Unsicherheit getriebene Stadt, analysierte der frühere Direktor des Museum of Contemporary Art Richard Koshalek einmal. Es gebe hier ein ungewöhnlich großes Verlangen, sich durch seine Sammlung auszudrücken.

Wenn dem so ist, hat Eli Broad auch bei jenem Kunstwerk, das an seiner Privatadresse zu finden ist, die für ihn passende Aussage gefunden. Es ist eine 60 Tonnen schwere Skulptur von Richard Serra. Sie steht vor seinem Haus in Brentwood und trägt den Namen »No problem«. ■

Brad Pitt sammelt allerlei. Warum also nicht auch Kunst? Ihm gehören Werke von Banksy und Neo Rauch

James Dean
Marilyn Monroe
Al Pacino
Marlon Brando
Robert De Niro
Dustin Hoffman
Jack Nicholson
Steve McQueen

Alle träumen von der großen Karriere, ganz wenige schaffen es.
Ein Besuch im legendären Lee Strasberg Institute

DIE SCHULE

TEXT **BRIGITTE STEINMETZ** FOTOS **PHILIP KOSCHEL**

Tanzen nach der Musik ihrer Seele. Anna Strasberg (im weißen Kleid) ermutigt ihre Schülerinnen, aus sich herauszugehen

DER STARS

Christina liegt zusammengekrümmt auf dem Boden und bewegt vorsichtig ihre Finger. Funktioniert. Erstaunlich, denn sie ist tot. Selbstmord. Hat sich von einem Hochhaus gestürzt wegen der Narbe in ihrem Gesicht oder wegen der Narben, die die Entstellung auf ihrer Seele hinterlassen haben, und jetzt hält sie einen Monolog aus dem Jenseits: »Hätte ich mich operieren lassen sollen? Botox? Liposuction? Ha!« Dann fängt sie an zu singen.

»Gefällst du dir?«, fragt die Stimme aus dem Off.

»Sie meinen, was ich besser machen sollte?« Christina blinzelt in den dunklen Zuschauerraum.

»Nein. Hast du gefühlt, was du gespielt hast?«

»Nun ja. Was fühlt eine Tote?«

»Du hättest dir auch einen leichteren Stoff aussuchen können.«

Niemand hat gesagt, *Method Acting* sei ein Kinderspiel. Wir sind im Theater-Raum des Lee Strasberg Institute in Hollywood. Die acht Schülerinnen – wirklich Zufall, dass in diesem Semester kein Mann dabei ist – blicken stumm auf die Frau, die jetzt vor die Bühne tritt. Es ist Anna Strasberg, die Witwe von Lee, dem berühmtesten Schauspiellehrer der Welt, dem Mann, der James Dean, Al Pacino, Marilyn Monroe zu Unsterblichkeit verhalf und dessen *Methode*, so rechnete ein Magazin aus, hinter 75 Prozent aller Oscar-Gewinner steckt.

Anna Strasberg ist eine schöne Frau. Der Internet Movie Database zufolge ist sie 70 Jahre alt, vielleicht stimmt das. Ihr Sohn David habe ihr jahrelang zum 25. Geburtstag gratuliert, »bis er auf einmal rechnen konnte«, scherzt sie während einer der zahlreichen Exkursionen, die sie weg vom Unterricht und in die beste Zeit ihres Lebens führen. Sie trägt ein weißes Leinenkleid und hochhackige hellbraune Ledersandalen an nackten Füßen. Ihre braunen Augen wirken erstaunt, ihr Lächeln wie das eines Mädchens.

»Lee liebte mein Lächeln«, sagt sie, »obwohl ich auch schon gelesen habe, er sei nach meinen Beinen verrückt gewesen.« Anna Strasberg war die dritte Frau des zweifach verwitweten Gurus unter den Schauspiellehrern. Fünfzehn Jahre waren sie zusammen, als Lee

1982 im Alter von 80 Jahren einen Herzinfarkt erlitt, nur zwei Tage vorher hatte er noch in »A Chorus Line« getanzt. Sie ist immer noch verliebt in ihn. »Ich war wie in der Twilight Zone«, sagt Anna, als sie eigentlich erzählen will, wie Al Pacino sich 1982 in »Scarface« verwandelte, mit kubanischem Akzent sprach und ihre Wohnung am Central Park vollpaffte. »Al rauchte Zigarre in unserem Apartment, das fand ich sehr unhöflich und seltsam, denn eigentlich rauchte er nicht. Erst Jahre später realisierte ich, dass nicht Al, sondern Tony Montana mich besucht hatte.«

Das hier ist keine normale Unterrichtsstunde. Das Lee Strasberg Institute in Hollywood ist die kleine Schwester der berühmten Schule in New York. Im Sommer 2009 sind 90 Studenten eingeschrieben, geradezu intim im Vergleich zur New Yorker Lehranstalt, wo fast 900 die *Methode* studieren. Hollywood ist dagegen ein Familienbetrieb. Annas jüngster Sohn David Strasberg, 38, führt die Geschäfte. An der Rezeption steht eine Schale mit runzeligen Äpfeln, Ernte aus dem Garten der Familienresidenz in Brentwood. Am Gemeinschaftstisch essen ein paar Studenten Pizza. »Alle

1 Cascade Brown (r.) macht Pause im Gemeinschaftsraum
2 Scharfe Konzentration trotz saftiger Ablenkung: Die Schülerinnen schneiden Obst und rezitieren dabei Texte
3 Nachdenklich hört Cascade ihrer Lehrerin Anne DeSalvo (r.) zu: »Du musst in dieser Szene wirklich wütend sein und nicht nur so tun.«

»Wie könnt ihr von Großem träumen, wenn ihr euch nicht mit großer Kunst umgebt? Hört Musik! Lest Bücher!«

unsere Schüler sind *Strasbergians*«, sagt David Strasberg, »Familienmitglieder.«

Im Programmheft fürs Sommersemester, wo die Lehrer für Shakespeare, Ausdruckstanz, Audition, Schauspiel für Film und Fernsehen aufgeführt sind, blieb diesmal ein Namensfeld frei. Für Mrs Strasberg, die ausnahmsweise einen Kurs übernehmen wollte. Inkognito. Aber wohlüberlegt. Im Vorfeld ließ sie sich deswegen über die Neuzugänge im Sommerprogramm berichten und wählte die acht interessantesten aus. Aber was macht einen Menschen interessant für jemanden, der die zwölfjährige Angelina Jolie unterrichtete? Was ist speziell an dieser kleinen Elitetruppe aus der ganzen Welt? Marianna, 23, aus Moskau, verwöhnte Tochter aus gutem Haus. »Sie ist so hübsch, es ist eine Freude, ihr zuzusehen. Sie muss nur lernen, hart zu arbeiten.« Katharina, 18, Halbchinesin aus dem schwäbischen Geislingen, die eigentlich Wirtschaftswissenschaften in Oxford studieren soll, kurz davor jedoch einem inneren Drang nach Schauspiel und Gesang unterlag, den sie bislang unterdrückte, weil ihr Vater immerhin mal einen Oscar für die Filmmusik von »Der letzte Kaiser« bekam. »Sie hat das Zeug, muss aber ihren Background vergessen.« »L.C.« aus Nordkalifornien, 58 Jahre alt und bereits Urgroßmutter, die mit 18 ihr erstes Kind bekam und allein aufzog, mit ihrem späteren Mann eine Baufirma leitete und nun endlich wahr machen will, wovon sie ein Leben lang träumte. »Ihr Mut beeindruckt mich.« Kathleen aus New York, die jetzt schon alterslos ist, monroeblond gefärbt und einen Hang zum Theatralischen pflegt. »Sie muss aufhören zu spielen und lernen zu fühlen.« Und Christina, 20, blonde Bilderbuch-Dänin mit Theaterambitionen. »Sie besuchte eine Steiner-Schule. Ihre Disziplin ist ihre Stärke.«

Im Prinzip kann jeder einen Strasberg-Sommerkurs belegen, der das nötige Geld hat. Ein Vorsprechen wird nicht verlangt. 2400 Dollar kosten sechs Wochen Unterricht, dazu kommen Unterbringung, Verpflegung.

Anna Strasbergs Auserwählte gehören nicht zur Spezies der »Struggling Actors«, von denen es in Hollywood wimmelt. Leiden für die Kunst hat nur im Rückblick Sinn. George Clooney erinnert gern an die Zeiten, als er sich mit 1000 Kakerlaken ein Zimmer teilte. Oscar-Gewinnerin Hilary Swank schlief gar obdachlos im Auto.

Christina, die Dänin, teilt sich ein Zimmer mit einem UCLA-Studenten, den sie im Internet fand. Los Angeles ist noch riesiger, als sie sich das im fernen Herlev ausgemalt hatte. »Ich brauche 40 Minuten mit dem Bus nach Hollywood.« Busfahren in Los Angeles ist eine exotische Erfahrung, »die einzigen Passagiere sind Obdachlose und ich.« Ein wenig gewöhnungsbedürftig sei das schon. Dafür lernte sie auf einer Party ihres Nachbarn den Rapper Ludacris kennen. Und im »House of Blues« am Sunset Boulevard den Ex-Mann von Reese Witherspoon, Ryan Phillippe. **»Schon ziemlich cool«, findet sie, »dass man hier einfach in einen Star reinlaufen kann.«**

Es klaffen drei Generationen zwischen Mrs Strasberg und den jungen Mädchen. Das merkt man. Für die erste Unterrichtsstunde hat die Lehrerin ein Bild gefordert, irgendein Porträt, das zur Nachstellung inspiriert. Mrs Strasberg dachte: Museum. Die Schülerinnen: Internet. Kathleen, die Möchtegern-Monroe, fuchtelt mit ihrem Handy, da sei ein Schnappschuss drin von der Mona Lisa »aus Paris«.

So nicht. »Was gibt euch das, twittern und mailen?«, fragt Anna Strasberg streng. »Geht ins Museum. Von mir aus auf hohen Absätzen«, sagt sie mit Blick auf die Jimmy-Choo-Stilettos der Russin. »Umgebt euch mit Kunst! Lernt! Hört Musik, seht euch Gemälde an, lest Bücher.« Was für Bücher? »The History of Tom Jones« wäre ein guter Anfang. Was? Tom Jones. Von Henry Fielding. Wie buchstabiert man den? Eifriges Mitschreiben. »Schauspieler schöpfen aus ihrem reichen Innenleben«, doziert die Witwe, »wie könnt ihr von Großem träumen, wenn ihr euch nicht mit großer Kunst umgebt? Was ist schon Technik? Die Technik versucht nur, immer menschlicher zu werden.« Mrs Strasberg verachtet sprechende Computer, sie hält es lieber mit Shakespeare. »Ich verliebte mich in Lee, weil er mich bei unserem ersten Kennenlernen wie Einstein behandelte. Als sei ich nicht nur ein hübsches Ding aus Venezuela, sondern eine Intellektuelle. Lee war der Ansicht, alles ließe sich wissenschaftlich erklären, ich begehrte auf und zitierte Hamlet *There are more things in heaven and earth, Horatio, than are dreamt of in your philosophy!* Vier Monate später heirateten wir.«

Über *Method Acting* kursieren viele Schnurren. Robert De Niro soll immer noch Klassen in New York belegen, heißt es. (Quatsch, er ist nur ein Freund des Hauses.) Marlon Brandos animalische Körperlichkeit in »Endstation Sehnsucht« gilt als Paradebeispiel für den erhöhten Naturalismus, den Strasberg von seinen Schülern forderte. Dabei studierte Brando bei Strasbergs früherer Mitstreiterin und späterer Konkurrentin Stella Adler. Immer noch halten viele Brandos Nuscheln für *Method Acting*, ein tragischer Irrtum, stellt Frau Strasberg richtig, denn »Brando war ein Gorilla«. »Ja«, ruft sie in ungläubige Gesichter, »aber er war es nur für diese eine Rolle. Geht in den Zoo, studiert das Muskelspiel der Affen, das Gebrüll der Löwen. Das ist eine Lektion in Stärke.«

Jeder Schauspieler, der in Deutschland wer ist, hat einen Strasberg-Kurs im Resumee. Von Franka Potente bis Christoph Waltz. Und jeder, der sich für einen Schauspieler hält, glaubt an die *Methode*, ohne sie recht erklären zu können. Die Grundidee dahinter, die Strasberg von dem russischen Theater-Reformer Konstantin Stanislawski übernahm, ist relativ simpel: Lerne, deine gesammelten Lebenserfahrungen abzurufen. Stanislawski, dessen Moskauer Theater den jungen Strasberg auf einer US-Tour nachhaltig beeindruckte, suchte nach der Essenz des Durchlebten.

Unter Strasberg wurde daraus das emotionale Gedächtnis. »Du begibst dich an den Ort, den du erfahren möchtest und stellst dir Fragen: Was sehe ich? Was höre ich? Was rieche ich? Was schmecke ich? Was spüre ich auf meiner Haut? Ist es heiß? Ist es kalt? Wo fühle ich diese Temperatur?

MERIAN | INFO

Schauspielschulen

The Lee Strasberg Theatre & Film Institute
Die Hollywood-Filiale der berühmtesten Schauspielschule der Welt.
(G 5) 7936 Santa Monica Blvd, Los Angeles, www.strasberg.com

Ron Burrus Studio Los Angeles
Strasbergs frühere Mitstreiterin Stella Adler eröffnete mit Ron Burrus eine Schule in Los Angeles. Paul G. Gleason Theatre, (K 4) 6520 Hollywood Blvd., www.stellaadler.com

Lee Strasberg, 1982 verstorben

1 »Kathleen«, sagt Anna Strasberg (l.), »Du musst aufhören zu spielen und lernen zu fühlen.«
2 Manche Schüler üben große Gesten schon an der Rezeption

»Geht in den Zoo und studiert das Muskelspiel der Affen, das Gebrüll der Löwen. Das ist eine Lektion in Stärke!«

An welcher Stelle meines Körpers? Was trage ich? Wie fühlt sich der Stoff meiner Kleidung an?« Oder, wie es Mrs Strasberg formuliert, als sich Kathleen an der Rolle der Meggie aus »Die Katze auf dem heißen Blechdach« übernimmt: »Ich will, dass du wirklich traurig bist und nicht bloß heulst.«

Die dritte Woche hat begonnen. Heute sollen die Schülerinnen einen Obstsalat zubereiten. Marianna schleppt zwei Tüten mit teuren Bio-Früchten an, aber kein Messer und keine Schale. »Wie willst du einen Salat machen?«, fragt Frau Strasberg. »Ich weiß nicht«, lacht das russische Töchterchen, »ich habe noch nie Salat gemacht.« Die anderen staunen. Möchtegern-Marilyn hat nichts mitgebracht, ihr Leben war zu dramatisch inzwischen, sie engagiert sich nebenher für eine obskure Ernährungsberaterin, die Krebs und Autismus mit Diät zu heilen verspricht. Darüber hat sie die Hausaufgaben vergessen. Dafür eine neue Szene aus Liz Taylors Repertoire einstudiert. »Jetzt nicht«, bestimmt Frau Strasberg, »geh erst einmal in den Supermarkt und besorge dir Obst.« So hielt es Lee auch mit Marilyn. Als die Monroe ihrem notorischen Zuspätkommen vorbauen wollte, indem sie erklärte, sie sei einfach nicht fähig, pünktlich zu sein, sagte Lee Strasberg: »Darling, wenn du nicht pünktlich sein kannst, komm' einfach zu früh.«

Method Acting ist auch praktizierte Lebenshilfe. Die Mädchen schnippeln Früchte und rezitieren dabei einen Monolog ihrer Wahl, unterbrochen von Gesang. »Somewhere over the Rainbow« trällert Christina, Marianna fällt kein Lied ein. Kathleen spießt affektiert Apfelstückchen auf und wirft verachtende Blicke Richtung eines imaginären Paul Newman. Die Übung: absolute Konzentration bei gleichzeitiger Entspannung.

Mit der Zeit leuchtet die Methode immer mehr ein. Die Schülerinnen sollen im Kreis marschieren, mit den Hüften wackeln, Arme schwingen, alle wollen auffallen. »Nennt vier Nobelpreisträger", ruft Frau Strasberg. Der Rhythmus ändert sich. Aus dem wippenden Gang wird ratloses Schlendern. Marianna bleibt stehen: Gorbatschow, Madame Curie, Nabokow, Einstein. »Sehr gut, aber vergiss das Gehen darüber nicht«, lobt Frau Strasberg, »und jetzt sagt mir noch, in welchem Jahr sie ihre Preise gewonnen haben?« Die Schülerinnen vergessen das Schaulaufen übers Nachdenken. Jede geht auf ihre Art. Sie posieren nicht mehr. Gehen einfach. Ziel erreicht.

»Lee lehrte mich das Lehren. Ich habe keine Stunde seines Unterrichts verpasst. Wenn ich wegen der Kinder mal nicht dabei sein konnte, beauftragte ich einen Studenten, ein Band mitlaufen zu lassen«, erzählt Anna Strasberg später ein Stockwerk höher, im ehemaligen Büro des Meisters. Es wirkt ein bisschen wie ein Museum mit Schwarzweiß-Bildern berühmter Absolventen an den Wänden, einem leeren Schreibtisch, unverputzten Backsteinwänden. »Er ließ sich eine Couch hier reinstellen, um sich auszuruhen. Aber er hat sie nie benutzt. Er wollte immer bei seinen Studenten sein.«

Auf der Beerdigung kam ein unbekannter Mann auf Anna Strasberg zu und fragte: »Sie sind Lees Mädchen, nicht wahr? Ich möchte Sie nur wissen lassen, dass ich Ihrem Mann alles verdanke. Seine Weisheit hat mich zu dem gemacht, was ich bin.« Anna Strasberg lächelt zärtlich bei der Erinnerung. »Lee sprach zu so vielen Menschen. Der Mann war der Boss der New Yorker Hells Angels.«

BOULE
DER TR

Kann eine Straße ein Versprechen sein?
Für Glamour und Glück, Ruhm und Reichtum?
Am Sunset Boulevard glauben sie fest daran

TEXT **RAINER SCHMIDT** FOTOS **PHILIP KOSCHEL**

Glitzerwelt, nachts. Wohin, wenn nicht hierhin, passt diese Ansage: »Die Welt«, steht da in Großbuchstaben, »braucht größere Helden«

VARD ÄUME

Barkeeper, feurig: In der spanischen Bar »Cantina« brennt der Alkohol auf der Theke. Ganz nach dem Motto der Stadt: Hauptsache, es geht heiß her

Landeier, abgeblitzt: Wer im »Mondrian« in die »SkyBar« will, sollte schon etwas lässiger sein, wenn er mit der Stretchlimo vorfährt

Nachts ist die Straße wie verwandelt. Es wird viel gefeiert und noch mehr geprotzt

Verführung, senkrecht. Keine Straßenecke, keine Hauswand, die ohne Botschaft auskommt

Gut aussehen, das und mel

können sie hier, denkt man –
det sich im Geiste im Gym an

Partyvolk, ultracool. Am Pool des Designhotels »The Standard« treffen sich die Lässigen zum Chillen

One man show, mobil: Dennis Woodruff, Schauspieler und Regisseur, cruist umher, bastelt Filme und lebt davon. Sagt er

Feierabendbier, eiskalt. Seit 1994 existiert das »House of Blues«. Zum Strip passt auch diese schäbig-schicke Filiale

Nicht alle stehen auf der Sonnenseite. Die Straße erzählt auch traurige Stories

Live-Performance, bizarr. Täglich posiert hinter Mika Todd, der Rezeptionistin des »Standard«-Hotels, ein Model in weißer Wäsche. Manchmal auch Männer

Hundehotel, sauteuer. Dogsitter baden (ab 35 $), frisieren (ab 50 $) und hüten die Vierbeiner ihrer Kunden auf Wunsch

Wer eine Idee hat, egal wie verrückt, ist hier richtig. Hauptsache, sie lässt sich vermarkten

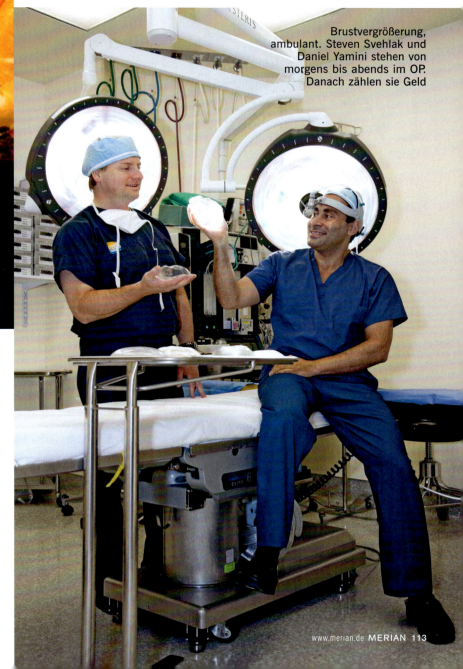

Brustvergrößerung, ambulant. Steven Svehlak und Daniel Yamini stehen von morgens bis abends im OP. Danach zählen sie Geld

1 Arbeiten mit Perspektive: Marco Weber an seinem Schreibtisch im 16. Stock **2** Schlafen im Garten: Stars, die inkognito reisen, wählen das »Chateau Marmont«

Marco Weber ist der Herr des Sunset Boulevard, zumindest, was den Ausblick betrifft. Der deutsche Präsident von »Senator Entertainment Inc.« residiert mit seiner Firma im 16. Stock der Hausnummer 9000, des höchsten Gebäudes weit und breit, an einer Erhebung des Boulevards. Scheiben bis zum Boden, extra hohe Decken, früher war es ein Penthouse, dann ein Club, auf dessen Dach sich einst Doors-Sänger Jim Morrison filmen ließ, jetzt ist es das Büro mit dem wahrscheinlich sensationellsten Blick der Stadt.

Unten blitzen die endlosen Autokolonnen auf der Straße, die wie keine andere weltweit die Menschen zum Träumen bringt. Ein 23 Meilen langes Asphaltband, das sich vom sogenannten *Downtown L.A.* zum Pazifik schlängelt und dabei Hollywood, West-Hollywood und Beverly Hills durchquert. Sunset Boulevard, allein der Name klingt nach Triumph und Untergang, Glamour und Elend – und nach großer Inspiration. Billy Wilder drehte 1950 seinen Film »Boulevard der Dämmerung«, Andrew Lloyd Webber machte Anfang der 1990er ein erfolgreiches Musical draus.

Weber blickt auf die berühmten Musikclubs, das »Roxy« und das »Rainbow«, das »Whisky a Go Go« und den »Viper Room«. Klein sehen sie aus, schäbig irgendwie, dahinter erhebt sich sanft ein grüner Hügel, kein Haus unter einer Million, vielleicht auch zehn, die Zahlen gedeihen gut unter der hellen Sonne. Auf der anderen Seite der Etage wabert L.A. bis zum Horizont.

Entspannt sitzt Weber hinter dem großen Schreibtisch in T-Shirt und Jeans. Er hat Filme mit Julia Roberts und Willem Dafoe produziert, Kim Basinger und Mickey Rourke haben für ihn gearbeitet. Er zeigt auf den Garten eines Bungalows, in dem einer der reichsten Männer der IT-Branche wohnen soll, der sich hinter hohen Hecken unbeobachtet fühlt. Da unten ist immer Frauenalarm, erzählt Weber, fast jeden Tag sonnen sich ein paar hübsche Models oben ohne im Garten. Weber lacht. Es ist ein schönes Büro.

Er arbeitet hier, er geht auf dem Sunset aus: *It's all about entertainment.* Wenn seine Kinder montags zur Schule gehen, diskutieren sie mit ihren Schulkameraden, welcher Film am Wochenende die meisten Karten verkauft hat. Ihre Eltern sind auch Produzenten, Schauspieler, Autoren, sie selbst wollen Produzenten, Schauspieler oder Autoren werden. Webers neunjährige Tochter ist gerade in einem Tanz- und Schauspiel-Camp. »Das ist für die so normal wie Fußball für Kids in Deutschland.« Er nickt Richtung Traumhügel, da hinten irgendwo wohnt er mit seiner Frau und den vier Kindern, Deutschland ist weit weg, das Meer so nah. „Das ist der schönste Ort der Welt. Ich will nirgendwo anders leben.« Man darf sich Marco Weber als einen glücklichen Menschen vorstellen.

Nachts ist die Straße vor seinem Büro nicht wiederzuerkennen. Dunkelheit und Leuchtreklamen lassen die schlichten Gebäude geheimnisvoller aussehen. Die erste Adresse ist der legendäre »Viper Room«, in dem schon Oasis, die Red Hot Chili Peppers und Johnny Cash auftraten. Weltbekannt wurde der Laden, an dem auch mal Johnny Depp beteiligt war, als Schauspieler River Phoenix 1993 vor der Tür an einem Drogencocktail starb.

Nach einer Viertelstunde drinnen fühlt man sich allein wegen der Mischung aus Guns N' Roses und Michael Jackson sterbenselend. Das Publikum erinnert an eine launige Osnabrücker Tanzrunde, da hilft nur ein Jägermeister, der kostet neun Dollar. Auftritt der Gruppe Ultraviolet Sound, Sängerin Sarah Hudson zischelt über die Winzbühne wie Lady Gaga auf Speed, der Elektrobeat hämmert, das Licht flackert, die ersten Arme werden gen Decke geschmissen, eigentlich gar nicht schlecht hier, geht doch. Aber jetzt bloß nicht zu wild werden, warnen doch Plakate auf den Straßen: »Du kannst der letzten Nacht nicht entkommen. Syphilis ist in L.A. um 400 Prozent gestiegen.«

Diese Amis. Schnell ins »Roxy«. Dichtgedrängt stehen hier die Massen, die Band The Glitch Mob prügelt dem Publikum vor flackernden Videoprojektionen Bässe und Beats um die sehr behaarten Köpfe, kaum jemand tanzt. Vielleicht wollten alle eigentlich ins »Whisky a Go Go«, denn da lassen die Jungs einer schwedischen Rock-Combo ihre langen Haare fliegen, unter den Zuschauern sind etliche Axl-Rose-Doppelgänger, der hier auftrat, als seine Guns N' Roses noch nicht berühmt waren.

Der Sunset Boulevard ist Rockstraße durch und durch. Da gibt es Läden wie »Sugar Baby«, extra für »Rocker Moms not Soccer Moms«, unweit davon die »Mr. Musichead Rock Art Gallery«, und natürlich: Tattoo-Studios. Nirgendwo sieht man mehr tätowierte Haut. Mit Ausnahme eventuell von Hochsicherheitstrakten oder Hardrock-Konzerten. Die Stadt, der wie keiner anderen nachgesagt wird, die Oberfläche zu zelebrieren, schöpft auch diese Möglichkeit radikal aus. Große Flächen müssen es sein, der Trend geht zum eingefärbten Arm. *It's only rock 'n' roll but I like it.* Doch so ein Arm ist schnell voll, was dann?

Die Frauen entdecken gerade die Möglichkeiten unter dem Arm bis zur Hüfte, sagt Graham Chaffee, Chef von »Purple Panther Tattoos«, einem kleinen Studio in Hollywood. Er ist knapp über 40, hat graue, kurze Haare, trägt

Diese Straße zelebriert die Oberfläche und sei es im Tattoo-Studio

eine Nickelbrille, die Körpermalereien wachsen aus seinem kurzärmeligen Blumenhemd über die Arme, den Hals hoch, über die Brust. Rosen, Spinnweben, Farbstränge, alles fließt und greift ineinander – Graham identifiziert sich sehr mit seinem Geschäft. Gerade berät er Jennifer, die die ersten 27 Jahre ihres Lebens mit einer schwarzen Biene auf dem linken Unterarm ausgekommen ist, für hiesige Verhältnisse eine Überraschung. Sie ist etwas blass und nickt, als sie »ihr« Bild in einem Katalog entdeckt: ein alienhaft aussehendes Baby. Den kompletten rechten Unterarm will sie damit stechen lassen. „Ich habe gerade eine harte Zeit in meiner Beziehung«, sagt sie. Man glaubt es sofort.

Fährt man von Grahams Laden weiter stadteinwärts, erreicht man bald Amoeba Music Hollywood, einen unabhängigen Musiktempel, der die großen Ketten überlebt hat und mehr als eine Million CDs und unzählige Raritäten anbietet: ein Mekka für Vinyl-Fans und eine Trutzburg gegen die mp3-Welt da draußen. Die Mitarbeiter am Counter sehen aus wie Roadies bei einem Festival, die Haare bunt, fast alle in Schwarz, natürlich.

Weiter östlich folgt Silverlake, das Viertel für Schwule und Kreative, danach wird die Szenerie gesichtsloser und auch ein bisschen kaputter, noch flacher und einfacher die Gebäude, an jeder Ecke ein Schnapsladen, Beverly Hills wirkt hier wie ein fremder Planet. Streckenweise sieht es weiter östlich aus wie auf der Hauptstraße einer namenlosen Kleinstadt. So spektakulär der Sunset Boulevard am Meer endet, so unspektakulär beginnt er: an der Ecke eine Schule, gegenüber ein Bürogebäude, ein bisschen weiter rauscht der Freeway, kein Mensch auf der Straße, nur Autos, Autos, Autos.

Oasen sind die eindrucksvollen Hotels entlang dem Sunset. Sie sind mehr als nur Herbergen für Touristen, die Angelenos bereden ihre Geschäfte und den neuesten Klatsch in der Polo Lounge des edlen »Beverly Hills Hotel« oder im Garten des altehrwürdigen »Chateau Marmont«, sie nehmen abends in der »SkyBar« des »Mondrian Hotel« einen Drink oder gehen im »Andaz« essen, die Jüngeren tanzen nachts im Club des »Standard«.

Im Kampf um Aufmerksamkeit zählt jeder Punkt. So munkelt man gern, dass John Belushi 1982 an einem Speedball, Koks plus Heroin, in einer der Bungalows des »Chateau Marmont« starb – traurig, ja, aber irgendwie auch cool. Hollywood eben.

Andere gehen exotischere Wege: Hinter der Scheibe in der Lobby des »Standard« geht plötzlich das Licht an, ein Körper liegt da auf Kissen, eine schöne junge Frau in sehr kurzen weißen Shorts und Shirt blickt in ihren Laptop, unwirklich nah, seltsam intim

die Situation vor den Augen aller, sie beachtet niemanden, bis die Dunkelheit sie wieder verschluckt, eine Sequenz wie aus einem Traum. Dieses »Kunstobjekt« ist ein Markenzeichen des Hotels, jeden Nachmittag steigen junge Damen zur Schicht in die Glaskiste.

Wer keine Depression kriegen will, sollte übrigens den Poolbereich des »Standard« meiden. Vor allem an den Wochenenden strömen die schönen, jungen Coolen herbei zum Chillen bei süffigen Beats vom Live-DJ. Es gibt hier kein Fett, keine Problemzonen, schiefen Zähne oder unreine Haut . Es ist ein bisschen wie in einem Werbespot, so viele Sixpacks, knappe Bikinis und Highheels, schlanke Finger, die auf Blackberrys herumspielen, ein Körperfest der besonderen Art. Was immer die alle sonst treiben mögen: Gut aussehen können sie sehr gut, denkt man – und meldet sich im Geiste sofort wieder daheim im Gym an.

Abends geht man dann aber doch ins Restaurant »Le Petit Four« auf dem Sunset Plaza, mitten in dem Teil des Boulevards, der einst als verkommen galt und heute schick ist. Kleine Häuser, nette Restaurants, hier französisch, dort italienisch, Europa-Kulisse zum Dinner. Ein bisschen Verkehr wie auf der A3 am Freitagabend, zwei Meter vor dem Tisch, das stört niemanden. Geradezu leise rollen die endlosen Kolonnen über den Asphalt. Vielleicht benutzen sie hier einen besonders zarten Bodenbelag, vielleicht fahren alle einfach entspannter.

Das Auto ist in L. A. Überlebensmittel und privates Rückzugsgebiet in einem, Stunden steht jeder jeden Tag in endlosen Schlangen, das macht gelassen. Wer den Verkehr beobachtet, muss sich um die europäische Autoindustrie keine Sorgen machen. Porsche und BMW, Mercedes und Bentley, Land Rover und Ferrari, es ist eine Demonstration kontinentaler Ingenieurskunst und überflüssiger Motorenkraft, denn schnell fahren kann hier niemand, wo denn auch?

»In dieser Stadt wirst du nach deiner Kleidung, deinem Aussehen und deinem Auto beurteilt«, hatte am Nachmittag Sam Telikyan gesagt, der vor mehr als 20 Jahren mit seiner Familie aus Armenien kam und aus einer Holzbaracke heraus glänzende Schlitten vermietet und amerikanisch philoso-

www.merian.de MERIAN 115

phiert. Er hilft solventen Kunden, richtig beurteilt zu werden. Auf dem Hof stehen ein Rolls-Royce (2000 $ pro Tag), ein Bentley (1200 $), mehrere Ferraris (1700 $) und Lamborghinis (1800 $), mit Chauffeur kann man einige Wagen auch für 300 Dollar pro Stunde mieten. Es seien Geschäftsleute und Urlauber, die abends standesgemäß am Club oder Restaurant ihrer Wahl vorfahren wollen. Ab und zu sei es auch ein echter Star, sagt Sam und grinst. Ein echter Star hier in seiner Holzbaracke, das ist wohl sein ganz persönlicher amerikanischer Traum.

Andernorts gehen die Stars ein und aus, ganz normal. Sie stöbern gerne im »Book Soup«, dem wahrscheinlich berühmtesten Buchladen L.A.s auf dem Herzstück des Boulevards, dem Sunset Strip, jenen anderthalb Meilen zwischen Hollywood und Beverly Hills. Es ist angenehm kühl, die Stille ungewohnt. Schwarzes Holz, dicke Bildbände in allen Größen, Raritäten, wenig Taschenbücher, wer hier einkauft, muss nicht unbedingt sparen. Paris Hilton sei regelmäßig hier, rutscht es Manager Tyson Cornell irgendwann heraus, ja, sie lese sehr viel, an manchen Tagen komme sie manchmal nur vorbei, um die gerade beendete Lektüre zu diskutieren. Der Mann mit dem zotteligen Bart und den tätowierten Unterarmen schaut seinem Satz etwas verwundert hinterher und macht eine wegwischende Handbewegung. Eigentlich will er gar nichts über seine prominenten Kunden erzählen, normales Business, Hollywood eben.

Überall joggen sie am Sunset, direkt neben der Straße, manchmal auf dem Asphalt, in knappen Shirts, die Körper sind gestählt, definierte Muskelstränge überall, wohlproportioniert, schön anzuschauen. Der Körper ist für viele ihr Kapital. »Der Druck, gut auszusehen, ist in einer Entertainment-Stadt, wo viele mit ihrem Aussehen Geld verdienen wollen, größer als anderswo«, sagt Schönheitschirurg Steven Svehlak von »Sunset Cosmetic Surgery«. Es ist sieben Uhr morgens, er und sein Kollege Daniel Yamini haben ihre blauen Operationssachen bereits an und nicht viel Zeit, um acht Uhr kommen die ersten Patienten, die letzten werden am Abend die Operationsräume verlassen, so geht das pausenlos, Tag für Tag, das Geschäft boomt.

Im Büro hängen Diplome an den Wänden, wie kleine Quallen liegen in den Regalen Brustimplantate in allen Größen, aus Silikon und mit Salzlösungen. *Touch and feel the difference*, fordert ein Zettel auf, in diesem Zimmer entscheiden Frauen, ob sie aussehen wollen wie Pamela Anderson oder wie ein irdisches Wesen. Die Zeit der argen Übertreibungen sei vorbei, sagen die Chirurgen, heute wolle jeder nur seinem Alter entsprechend möglichst gut aussehen – ohne dass die anderen den Eingriff gleich bemerken.

Das Duo bietet fast alles an, von der Rundumerneuerung, insbesondere nach Schwangerschaften sehr beliebt, bis hin zum schnellen Faltenglätten in der Mittagspause – noch beliebter. Die Hälfte der Kunden kommt aus der Stadt, ein Drittel von außerhalb, der Rest sind Ausländer.

Svehlak berichtet von einem Mann, dem er erklärt hatte, er könne ihn zehn Jahre jünger wirken lassen. Da habe der entsetzt geguckt, viel zu wenig sei das. Schon lag ein Foto auf dem Tisch, das der Patient mit Photoshop selbst bearbeitet hatte: So wolle er aussehen. Eine andere Person habe ihn von dem Bild angeschaut, sagt der Doktor entsetzt, das habe er abgelehnt. Eine Ausnahme. Er zupft sich leicht am weichen Kinn, ja, da habe er selbst auch einmal was absaugen lassen, das typische Männerproblem, er lacht. Die Stirnfalten des Reporters wären auch kein Problem, obwohl, dann würde die Haut nach unten sacken, auf die Augen, nicht schön, aber da könnte er … Können Schönheits-OPs süchtig machen, Dr. Svehlak? Er hält für eine Sekunde inne. Er nickt, lächelt, ja, so etwas in die Richtung. Er muss los, die Realität wieder zurechtschneiden.

Los Angeles is based on bullshitting«, erklärt John J. Nazarian, von Beruf Privatdetektiv, und schüttet mehr Sirup auf seine Pfannkuchen. Große Sprüche und große Auftritte sind seine Spezialität. Er trägt an den Fingern Ringe, groß wie Kieselsteine, um den Hals eine Kette, mit der man kleine Elefanten festbinden könnte. Das T-Shirt spannt ein massiger, aber straffer Körper. Viel lieber zeigt sich Nazarian in Anzügen, das wirkt besser am Sunset Boulevard, dort ist sein Revier.

Er hat für Vin Diesel gearbeitet und kürzlich für Courtney Love, die von einer Kreditkartengesellschaft einiger Unregelmäßigkeiten beschuldigt wurde. Love nannte ihn öffentlich »einen der besten Privatdetektive der USA«, jetzt hat Nazarian genug von ihr. Er geht nicht ins Detail, aber »Leute, die meinen Ratschlag wiederholt missachten, brauchen mich nicht«.

Er trägt Glatze zum schwarz gefärbten Bart und kann sehr böse gucken. Hinter seinem Haus (»zwei Millionen Dollar wert«) liegt ein bisschen Gerümpel, in der Garage stehen ein Rolls-Royce, ein Bentley und eine neue Harley-Davidson. Auf einem Nummernschild steht »Love2spy«. Ungefragt erzählt er, wieviel zehn- oder hunderttausend Dollar dieses oder je-

Sunset Boulevard
Er beginnt in Downtown (ganz rechts), ist rund 40 km lang, überall mindestens vierspurig und wird zwischen Hollywood und Beverly Hills zum Sunset Strip

1 »Rest In Peace«: Einfahrt von Michael Jacksons letzter Residenz, North Carolwood Drive **2** »Ein teures Auto steht für Erfolg«, findet Privatdetektiv Nazarian

nes Teil gekostet hat. Alles nicht wirklich diskret. Passt das zum Job? »Ein teures Auto steht für Erfolg«, sagt er und faltet die massigen Hände, »wer keinen Erfolg hat, wird nicht gebucht, wer nicht mitmacht, ist draußen.«

Der Großteil seines Geschäfts sind Scheidungs- und Seitensprungfälle, er tritt in Talkshows auf und betreibt seine Website »desperateexes.com«. Er nimmt 400 Dollar pro Stunde und 10 000 Dollar Vorschuss, Spesen extra. In seiner E-Mail-Adresse hat er sein wichtigstes Geschäftsprinzip verewigt: willspy4money@… Gerade in Scheidungsfällen, so Nazarian, hätten oft die Frauen Angst, ihren Lebensstandard zu verlieren oder von den Ehemännern übervorteilt zu werden. An dieser Angst verdient er. Dafür macht er auch die Drecksarbeit, fährt nachts durch die Straßen von Beverly Hills, sucht in Mülltonnen nach Beweisen.

»Eigentlich hasse ich den Job, aber er bringt viel Geld, das ist, was in L.A. zählt.« Für einen Augenblick muss der Sprücheklopfer über sich selbst lachen, dann guckt er wieder grimmig.

Es sind Kunden von Martin Weiss, an deren Häusern Nazarian vorbeifährt. Kopfschüttelnd geht der Grauhaarige durch den Vorraum des Großraumbüros an der Grenze zu dem Bezirk, wo der Asphalt plötzlich so sanft und ruhig wird, dass man schon am Fahrgeräusch erkennt: Jetzt sind wir in Beverly Hills. Die 150 Arbeitsplätze sind verwaist, es ist Samstag. Die jungen Leute mit ihrer Fünf-Tage-Woche, denkt der 83-Jährige, so kann man doch keine Geschäfte machen. Seit 1954 verkauft er Immobilien. Sein letzter prominenter Kunde war Elton John, dem hat er ein Apartment in den »Sierra Towers« nahe Sunset Boulevard verkauft, sagt er und lächelt.

Sein Geld verdient er aber meist mit Industriellen, Erben, Vertretern mächtiger Familien und Konzernen. Blick,

Große Sprüche, große Auftritte und ein finsterer Blick als Geschäftsprinzip

Größe und Nachbarn sind dann die Kriterien, nie aber die Kaufsummen, zehn oder 18 Millionen, völlig egal – wer nach dem Preis fragt, kann es sich sowieso nicht leisten.

Es sind die Anwesen, die man in Beverly Hills auf dem Weg zum Meer hinter hohen Hecken oder Mauern nur erahnt und selten richtig sehen kann, prachtvolle Gebäude in jedem nur denkbaren Architekturstil, Häuser, die vom Erfolg künden und von einem fremden Lebensstil. »In diesen Häusern, so großartig sie sein mögen, können Sie sich nie richtig zu Hause fühlen, so viele Zimmer, so viele Bedienstete, wie in einem Hotel.«

An einigen Straßenecken sitzen Verkäufer und wedeln mit den »Star Maps«, Stadtkarten, in denen echte oder vermeintliche Adressen von Celebrities verzeichnet sind. Um zu prüfen, ob sie stimmen, müsste man sehr viel Geduld und Verbindungen haben, die kein Tourist und ganz bestimmt kein Straßenverkäufer hat. Aber Illusion und Glaube können zufrieden machen, gerade hier.

Leicht fliegt man mit dem Auto über die kurvenreiche Straße, immer näher schraubt sich das Gefährt zum Meer. Doch kurz bevor der Sunset Boulevard praktisch im Wasser endet, liegt an der linken Straßenseite der Meditationspark von Yogi Paramahansa Yogananda (1950 gegründet), mit dem Lake Shrine Temple über einem überraschend idyllischen See, inklusive der Windmühlen-Kapelle, strahlend weißer Schwäne und dem Gandhi Memorial, in dem sich Aschereste des großen Inders befinden sollen. Dunkelbraune Holzspäne auf den Wegen lassen die Schritte federn, auf den Bänken und Rasenflächen sitzen Menschen mit geschlossenen Augen, versunken in Andacht oder auch nur entspannt. Es ist, als atme hier der Sunset nach 23 Meilen einmal durch. Aber nur kurz. *The show must go on.* ■

DIE INSPIRATION DES REISENS.
JEDEN MONAT NEU.

Wählen Sie jetzt Ihr Gratis-Extra und sichern sich Lesegenuss auf höchstem Niveau

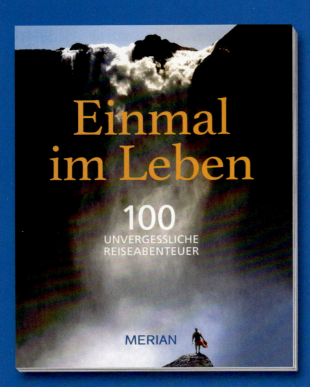

„Einmal im Leben"

„Einmal im Leben" zeigt in mitreißenden Reportagen, welche Spannbreite das Abenteuer haben kann: vor der eigenen Haustür über eine Expedition im Himalaja, vom Ritt durch Patagonien bis zum Flug ins Weltall. Stets geht es dabei um Sehnsüchte und Grenzen – die Entdeckung der eigenen, das Überschreiten der anderen. Außergewöhnliche Bilder sowie praktische Informationen für 100 Reisen rund um die Welt bilden den wertvollen Rahmen dieses einmaligen Leseabenteuers.

240 Seiten mit vielen Farbfotos, großer Weltkarte – Format 21 x 27 cm, Softcover mit Klappen. **Aktions-Nr.: 29074**

Exklusives Reise-Schuhputz-Set von EdMeier

Die Zusammenarbeit mit zahlreichen Werkstätten der verschiedensten Handwerke sowie Kooperationen mit internationalen Designern und Labels machen bei Eduard Meier Alter zu Patina und Stil zu Klasse. Schuhputzset aus kernigem Rindleder; gefüllt mit zwei Gläsern Emulsionscreme, zwei Bürsten und einem Baumwollpoliertuch.

Aktions-Nr.: 29075

Bestellen Sie unter www.merian.de/lesevergnuegen

JETZT MERIAN BESTELLEN UND VORTEILE SICHERN!

Ihre garantierten Vorteile:

✓ Wunschgeschenk für Sie

✓ ein Jahr MERIAN 15 % günstiger – statt 95,40 Euro am Kiosk nur 81,50 Euro

✓ Lieferung 12 x im Jahr frei Haus – keine Ausgabe verpassen

Geben Sie bei Ihrer Bestellung bitte die jeweilige **Aktions-Nr.** des Gratis-Extras Ihrer Wahl an. Einfach online bestellen können Sie unter www.merian.de

Zwei Reisepasshüllen von PICARD

Zweifach gefaltet, bietet diese schwarze Reisepasshülle einen sicheren Platz für Ihre Ausweispapiere. Das hochwertige Leder sorgt für lange Nutzungsdauer. Rindsleder, Maße: 10 x 14,5 x 0,5 cm

Aktions-Nr.: 29073

FREUEN SIE SICH AUF...

JANUAR 2010 — FEBRUAR 2010 — MÄRZ 2010

APRIL 2010 — MAI 2010 — JUNI 2010

Ihre Bibliothek des Reisens

Bestellen Sie MERIAN jetzt und Sie erhalten mit den kommenden 12 Ausgaben die Welt von MERIAN frei Haus. Monat für Monat vervollständigt jedes Heft Ihre Bibliothek der Länder, Regionen und Städte.

GLEICH MITBESTELLEN!

Ausführung „**Lederoptik**" mit Goldprägung für 24,90 Euro

Ihr persönliches MERIAN-Archiv!
Archivieren Sie Ihre MERIAN-Sammlung stilvoll und sicher in den exklusiven MERIAN-Sammelschubern. Jeder Schuber bietet Platz für 12 MERIAN-Ausgaben.

Ausführung „**Acryl**" modern und zeitlos für 19,90 Euro

Ausführung „**Leinen**" mit historischem Stadtmotiv für 12,90 Euro

MERIAN — Die Lust am Reisen

AUTOREN UND FOTOGRAFEN

PHILIP KOSCHEL, Fotograf aus Berlin, zog im Sommer 2009 für mehr als zwei Monate nach Hollywood. Alle großen Fotoreportagen im Heft tragen seine Handschrift.

HANSJÖRG FALZ besuchte den Schauspieler Eric Braeden für die Geschichte über die erfolgreichen Deutschen in Hollywood.

BRIGITTE STEINMETZ, begeisterte Surferin, lebt seit 1998 in Venice. Von dort ist sie schneller am Pazifik als von Hollywood aus.

RAINER SCHMIDT hat gerade ein neues Buch veröffentlicht (»Liebestänze«). Das Nachtleben am Sunset Blvd. faszinierte ihn, aber in Berlin ist die Szene beeindruckender.

BILDNACHWEIS

Anordnung im Layout: l = links, r = rechts, o = oben, u = unten, m = Mitte.
Alle Fotos wurden von Philip Koschel fotografiert bisauf: S.5 Michael Müller; S.7 u Todd Wawrychuk/A.M.P.A.S.; S.10 ru, 12 rm Volker Renner/Gourmet Picture Guide; S.12 lo Wildecker Herzbuben, ro Jochen Zick/Keystone, lm Firofoto/mediacolors; S.14 lo cinema.de, ro Jeffrey Herr, Curator, Hollyhock House; S.37 u Karin Rocholl; S.47 u Roland Emmerich; S.48 Bryan Crowe/ A.M.P.A.S.,S.49 John Gress/Reuters/Corbis, S.50 lo, lm A.M.P.A.S., lu Mike Blake/Reuters, ro Greg Harbaugh/ A.M.P.A.S., rm Michael Yada/A.M.P.A.S., ru Bryan Crowe/A.M.P.A.S.; S.51 o Jon Didier/A.M.P.A.S., u Darren Decker/A.M.P.A.S.; S.52 o Michael Yada/A.M.P.A.S., m A.M.P.A.S., u Blake Sell/Reuters; S.54 Ethan Miller/Getty Images; S.55 v. o. Jon Didier/A.M.P.A.S., A.M.P.A.S.; Bryan Crowe/A.M.P.A.S., Michael Yada/A.M.P.A.S.; S.56 Hollywood Photograph Collection; S.61,62 Hollywood Historic Photos; S.65 Bettmann/CORBIS; S.67, 68 Privatbesitz Prof. Cornelius Schnauber; S.94 u action press/Berliner Studios LLC; S.95 o Weldon Brewster, u Michael Tran/FilmMagig/Getty Images; S.96 u Cinetext Bildarchiv; S.97 action press; S.130 2009 Museum Associates/LACMAPhoto; S.131, 136 u Volker Renner/Gourmet Picture Guide; S.132 Goetz Schleser/Visum; S.144 Campo de Cahuenga; S.148 Walter Schmitz. Für die uns zuteil gewordenen Unterstützung bedanken wir uns bei West Hollywood Marketing & Visitors Bureau, The Standard Hotel Hollywood, Noble Kommunikation GmbH, LA INC. The Los Angeles Convention and Visitors Bureau, Goethe Institut Los Angeles, Carl Zeiss Objektive, billiger-mietwagen.de.

IMPRESSUM

Heft 12/2009, Dezember, Erstverkaufstag dieser Ausgabe ist der 19. 11. 2009
MERIAN erscheint monatlich im Jahreszeiten Verlag GmbH, Poßmoorweg 2, 22301 Hamburg
Tel. 040 2717-0 **Anschrift der Redaktion** Postfach 601728, 22217 Hamburg
Tel. 040 2717-2600, Fax 040 2717-2628, E-Mail: redaktion@merian.de
Leser- und Aboservice Postfach 601220, 22212 Hamburg
Tel. 040 87973540, Fax 040 2717-2079 **Syndication** www.jalag-syndication.de
GourmetPictureGuide Stefanie Lüken, Tel. 040 2717-2002
Fax 040 2717-2089, www.gourmetpictureguide.de **Internet** www.merian.de

Herausgeber Manfred Bissinger
Chefredakteur Andreas Hallaschka
Stellvertretender Chefredakteur Hansjörg Falz
Art Directorin Sabine Lehmann **Chef vom Dienst** Tibor M. Ridegh
Textchefin Kathrin Sander **Redakteure** Charlotte von Saurma; Roland Benn, Thorsten Kolle, Jonas Morgenthaler (freie Mitarbeit) **Schlussredaktion** Tibor M. Ridegh
Layout Dorothee Schweizer (stellv. Art Directorin), Cornelia Böhling, Ingrid Koltermann (Schlussgrafik)
Bildredaktion Katharina Oesten, Eva M. Ohms **Redakteur dieses Heftes** Hansjörg Falz
Bildredakteurin dieses Heftes Eva M. Ohms **Kartographie** Peter Münch
Dokumentation Jasmin Wolf, freie Mitarbeit: Stefanie Plarre, Sebastian Schulin
Mitarbeit Helmut Golinger, Julia Braune, Katharina Finke, Julia Henkel, Nicola Schneider
Herstellung Karin Harder **Redaktionsassistenz** Sabine Birnbach, Katrin Eggers, Beate Röhl (freie Mitarbeit)
Geschäftsführung Joachim Herbst, Dr. Jan Pierre Klage, Peter Rensmann, Hermann Schmidt
Verlagsleitung Premium Magazine Oliver Voß
Group Head Anzeigen Premium Magazine Roberto Sprengel
Anzeigenleitung Sabine Rethmeier **Anzeigenstruktur** Patricia Hoffnauer
Marketing Kenny Machaczek, Justus Hertle, Sonja Wünkhaus
Vertrieb PSG Premium Sales Germany GmbH, Poßmoorweg 2-6, 22301 Hamburg
Vertriebsleitung Jörg-Michael Westerkamp (Zeitschriftenhandel), Joachim Rau (Buchhandel)
Verantwortlich für den redaktionellen Inhalt Andreas Hallaschka
Verantwortlich für Anzeigen Roberto Sprengel

Verlagsbüros Inland
Hamburg: Tel. 040 2717-2595, Fax 040 2717-2520, E-Mail: vb-hamburg@jalag.de
Hannover/Berlin: Tel. 0511 856142-0, Fax 0511 856142-19, E-Mail: vb-hannover@jalag.de
Düsseldorf: 0211 90190-0, Fax 0211 90190-19, E-Mail: vb-duesseldorf@jalag.de
Frankfurt: Tel. 069 970611-0, Fax 069 970611-44, E-Mail: vb-frankfurt@jalag.de
Stuttgart: Tel. 0711 96666-520, Fax 0711 96666-22, E-Mail: vb-stuttgart@jalag.de
München: Tel. 089 997389-30, Fax 089 997389-44, E-Mail: vb-muenchen@jalag.de

Repräsentanzen Ausland
Belgien/Frankreich Adnative sarl, Tel. +33 1 53648890 91, Fax +33 1 45002581
E-mail: paris@adnative.net <mailto:imc@international.fr> **Grossbritannien** Publicitas Ltd,
Tel. +44 20 75928300, Fax 7592 8301, E-Mail: jeremy.butchers@publicitas.com
Österreich Publimedia Internationale Verlagsvertretungen GmbH, Tel. +43 1 2115342,
Fax 212 1602, E-Mail: andrea.kuefstein@publicitas.com **Schweiz** Publicitas International AG,
Tel. +41 61 275 46-09, Fax 2754730, E-Mail: basel-international-magazines@publicitas.com
Italien Media & Service International Srl, Tel. +39 02 48006193, Fax +3902 48193274,
E-Mail: info@it-mediaservice.com **Spanien** Alcalá Media International Media Representations,
Tel. +34 91 3269106, Fax +34 91 3269107, E-Mail: m.vandereb@alcalamedia.com
Dänemark über Verlagsbüro Hamburg **Niederlande** über Verlagsbüro Düsseldorf
Luxemburg über Verlagsbüro Frankfurt

Die Premium Magazin Gruppe im Jahreszeiten Verlag

A&W Architektur & Wohnen   **COUNTRY**   **DER FEINSCHMECKER**   **WEIN** Gourmet   **MERIAN**

Gültige Anzeigenpreisliste: Nr. 40 a
Das vorliegende Heft Dezember 2009 ist die 12. Nummer des 62. Jahrgangs.
Diese Zeitschrift und die einzelnen Beiträge und Abbildungen sind urheberrechtlich geschützt.
Jede Verwertung außerhalb der engen Grenzen des Urheberrechtsgesetzes bedarf
der Zustimmung des Verlages. Keine Haftung für unverlangt eingesandte Manuskripte und Fotos.
Preis im Abonnement im Inland monatlich 6,79 € inklusive Zustellung frei Haus.
Der Bezugspreis enthält 7% Mehrwertsteuer.
Auslandspreise auf Nachfrage. Postgirokonto Hamburg 132 58 42 01 (BLZ 200 100 20)
Commerzbank AG, Hamburg, Konto-Nr. 611657800 (BLZ 200 400 00)
Führen in Lesemappen nur mit Genehmigung des Verlages. Printed in Germany

Weitere Titel im Jahreszeitenverlag
Für Sie, petra, vital, PRINZ, Architektur & Wohnen, COUNTRY, DER FEINSCHMECKER, WEINGourmet, schöner reisen, Zuhause Wohnen, selber machen
Litho Alphabeta Druckformdienst GmbH, Hamburg.
Druck und Verarbeitung heckel GmbH, Nürnberg,
ISBN: 978-3-8342-0912-2, ISSN 0026-0029 MERIAN (USPS No. 011-458) is published monthly.
The subscription price for the USA is $ 110 per annum.
K.O.P.: German Language Publications, Inc., 153 South Dean Street, Englewood NJ 07631.
Periodicals postage is paid at Englewood NJ 07631, and at additional mailing offices.
Postmaster: send address changes to:
MERIAN, German Language Publications, Inc. 153 South Dean Street, Englewood NJ 07631.

MERIAN kompass

AUSGEWÄHLTE TIPPS UND ADRESSEN

WAS TUN IN HOLLYWOOD?

Die Fußabdrücke der Stars vorm **Grauman's Chinese Theatre** vergleichen	18
Vom **Griffith Observatorium** aus das Häusermeer bestaunen	30
Im **Hollywood & Highland Center** shoppen	48
Den perfekten Blick aufs **Hollywood Sign** suchen	56
Auf dem **Malibu Pier** sitzen und Burger im »Ruby's« bestellen	81
Im Auto den **Sunset Blvd.** von Anfang bis Ende fahren	104
Den Nachmittag verplaudern im **Little Next Door Cafe**	132

Fototermin mit MERIAN
unterhalb des Hollywood Sign:
(v. l.) Wolverine, Batman,
Captain Jack Sparrow, Tinker Bell,
Star-Wars-Krieger und der Joker

SEHENSWERTES VON A BIS Z

MERIAN | DAS BESTE ZUERST

Dem Himmel so nah

Vom Observatorium im Griffith Park berauscht der Blick auf die Stadt der Sterne

Natürlich ist Los Angeles großartig. Vor allem aber ist es groß, ach was: mega-gigantisch ist diese Stadt. Ein brodelndes Gewühl aus Menschen und Autos, siebenspurige Freeways durchschneiden das Häusermeer, ein nie endendes Getöse, das auch und gerade dem Besucher schnell auf die Nerven gehen kann. Wer dem entfliehen will und nach einem Ort der Ruhe sucht, dem sei ein Besuch der Sternwarte im Griffith Park empfohlen. Hier oben entkommt man dem Lärm, hier hat er einen Schalldämpfer verpasst bekommen. Man lehnt sich gegen die weiße Brüstung des 1935 eröffneten Art-déco-Gebäudes und saugt die Eindrücke auf: Wie Haare auf einem Kopf breiten sich zuerst die Bäume und Sträucher des Griffith Parks unter einem aus. Linkerhand verlaufen die Straßen wie Falten auf der Stirn ins Nirgendwo. Geradeaus türmen sich die in Downtown gelegenen Wolkenkratzer am Horizont auf. Rechts reicht der Blick bis zum Mount Lee und dem Hollywood-Schriftzug. Dann schlendert man herüber zum Denkmal mit der bronzefarbenen Büste von James Dean und denkt an dessen besten Film.
In der Schlussszene von »Denn sie wissen nicht, was sie tun« wird Jim (James Dean) von der Polizei erschossen, als er aus der Sternwarte heraustritt.
Ein Drama an einem dramatisch schönen Ort in des Lärmes Stille. (O 2)

Herangezoomt: Wär's umsonst, würd' er ewig gucken

Angels Flight
(C 2) 1901 als »kürzeste Eisenbahn der Welt« in Betrieb genommen, kletterte die Zahnradbahn bis 1969 auf den Bunker Hill. Dann wurde sie demontiert und 1996, räumlich etwas versetzt, aber originalgetreu, wieder aufgebaut. 2001 kam es zu einem schweren Unfall, als die beiden einzigen Wagen miteinander kollidierten. Die erneute Inbetriebnahme des nostalgischen Gefährts steht seit Jahren »kurz bevor«.

Bailey House
(B 2) 1945 startete die Zeitschrift Arts & Architecture eine Initiative zum Bau effizienter Musterhäuser, die dem damaligen Verlangen nach freien, bezahlbaren Wohnflächen Rechnung tragen sollten. Bis 1966 entstanden die »Case Study Houses« – manche freilich nur auf dem Papier. Gebaut wurden u.a. zwei Entwürfe des 1925 in San Francisco geborenen Architekten Pierre Koenig. Sein Case Study House No. 21 steht an der Wonderland Park Avenue in den Hollywood Hills. Das Bailey (»Vorhof«) genannte, 1958 errichtete Gebäude ist eine elegante Glaskonstruktion in Leichtbauweise mit stählernem Rahmenskelett. Ein Innenhof bildet die Mitte des Komplexes und trennt den Schlaf- vom Wohnbereich. Außen befindet sich ein Wasserbecken mit Ziegelterrassen, von denen man einen phantastischen Blick nach Süden hat.

Beverly Wilshire Hotel
(B 2) Das Luxushotel am Rodeo Drive wurde im Jahr 1928 errichtet und 1991 umgebaut. Die Liste seiner prominenten Gäste ist endlos. Selbstverständlich schrieb das 395-Zimmer/Suiten-Haus auch Filmgeschichte (s. S. 134).

Cathedral of Our Lady of the Angels
(C 2) Als eine im 19. Jh. errichtete Bischofskirche an der Ecke Main/2nd. Street der stetig ansteigenden Zahl der Gläubigen nicht mehr gewachsen war, beschloss die Erzdiözese Los Angeles einen Neubau. Pläne, die alte Kathedrale zumindest teilweise zu erhalten und in eine neue zu integrieren, machte das Northridge-Beben von 1994 zunichte, die Schäden waren irreparabel. So kam es zum Abriss, und wenige Blocks weiter nördlich, direkt am Hollywood Freeway, entstand die 2002 geweihte neue Kathedrale des Erzbistums Los Angeles. Das nach Plänen des spanischen Architekten José Rafael Moneo errichtete, postmoderne Gotteshaus verzichtet weitgehend auf rechte Winkel und fasst 3000 Menschen. Eindrucksvoll sind die von Robert Graham entworfenen riesigen, bronzenen Türen an der Südostseite.

El Pueblo de Los Angeles
(C 2) Im Nordosten von Downtown steht die Wiege der Metropole. Am 4. September 1781 gründeten 44 Siedler aus Mexiko das »Dorf der Königin der Engel« am heutigen Los Angeles River. Das älteste Haus der Stadt, Avila Adobe, stammt aus dem Jahr 1818 und ist im

Alteuropäische Seebäderromantik am Pazifik: die Malibu Pier

Stil der 1840er Jahre eingerichtet. Es steht an der **Olvera Street**, die seit 1930 das Ideal einer von Mariachiklängen beschallten mexikanischen Marktstraße darstellt. Die Mexikaner unter den Angelenos feiern hier ihre farbenfrohen Feste. An der Plaza, auf der eine Statue an den Stadtgründer Felipe de Neve erinnert, verdient die 1822 geweihte, 1861 mit Originalteilen neu erbaute **Old Plaza Church** Beachtung, ebenso die **Feuerwache** (1884) neben dem **Pico House** (1870).

Farmers Market
(B 2) 1934, während der Weltwirtschaftskrise, karrten Farmer der Umgebung ihre Produkte an die damalige Peripherie und verkauften sie den Städtern. Im Lauf der Zeit avancierte der Bauernmarkt hinter dem charakteristischen Uhrturm zum Mekka für Genießer, das längst nicht nur Rohkost, sondern, in Cafés, Garküchen und Restaurants, auch Zubereitetes bietet. Zahlreiche Läden aller Art runden das Angebot ab. In seinen Anfangsjahren war Farmers Market ein beliebter Treffpunkt von Emigranten.

Getty Villa
(A 2) In den frühen 1970er-Jahren ließ Jean Paul Getty eine Replik der Villa dei Papiri bauen, die beim Ausbruch des Vesuv 79 n.Chr. verschüttet worden war. Die Getty Villa war erste Heimstatt der unermesslichen Kunstsammlung des Ölmagnaten. 1997 zogen alle Exponate ins neue **Getty Center** (s. S. 97) um, 2006 kehrte die Antikensammlung nach Pacific Palisades zurück. S. S. 131

Greystone Mansion
(B 5) Die Villa im Tudor-Stil wurde 1928 für den Öltycoon Edward Doheny errichtet. Er schenkte sie seinem Sohn Ned zur Hochzeit. Dem allerdings brachte sie kein Glück: Kein halbes Jahr nach seinem Einzug fand man ihn und seinen Sekretär erschossen im Schlafzimmer. Wer wen umbrachte und dann sich selbst, konnte nie geklärt werden. Heute ist das (nicht zu besichtigende) 67-Zimmer-

SEHENSWERTES VON A BIS Z

Haus in städtischem Besitz. Als Filmkulisse erfeut es sich ebenso großer Beliebtheit bei Regisseuren wie der frei zugängliche Park bei Menschen, die eine Auszeit vom nahen Beverly-Hills-Rummel nehmen möchten.

Hollyhock House
(P 4) Siehe Seite 14

Hollywood & Highland Center
(J 4) Der nach der Kreuzung Hollywood Blvd./N. Highland Ave. benannte Entertainment-Komplex wurde 2001 nach dreijähriger Bauzeit eröffnet. Er umfasst Läden, Clubs, Restaurants, ein Hotel sowie das Kodak Theatre, in dem alljährlich die Oscars verliehen werden (s. S. 48). Integriert ist auch das **Grauman's Chinese Theatre**, vor dem mehr als 200 Filmstars ihre Hand- und Fußabdrücke hinterließen (s. Kasten rechts) – nicht zu verwechseln mit dem **Walk of Fame**, der sich auf den Gehwegen beiderseits des Hollywood Boulevards hinzieht. Schräg gegenüber von Grauman's steht **El Capitan Theatre**, wie das **Egyptian Theatre**, ein Block weiter östlich, eines der legendären Filmtheater Hollywoods (s. S. 60).

Hollywood Bowl
(J/K 2) An lauen Sommerabenden gibt es in Los Angeles kaum einen schöneren Platz als dieses Amphitheater (gute Musik vorausgesetzt). Seit 1922 geben die L.A. Philharmonic hier Konzerte, außerdem ist die »Schüssel« Heimstatt des Hollywood Bowl Orchestra und Aufführungsort aller möglichen Musik-Events.

| MERIAN | IM DETAIL |

Auf den Spuren der Stars vor Grauman's Theatre
(Auswahl)

1 Sean Connery
2 John Wayne
3 Marilyn Monroe
4 Frank Sinatra
5 Meryl Streep
6 Clark Gable
7 Hildegarde Neff (Knef)
8 Jack Lemmon
9 Doris Day
10 Humphrey Bogart
11 Jack Nicholson
12 Fred Astaire
13 Ginger Rogers
14 Bette Davis
15 Clint Eastwood
16 Elizabeth Taylor

Zementaufnahme: Im Vorhof von Grauman's haben die Zelluloid-Ikonen tiefe Eindrücke hinterlassen. Hier verewigt zu sein, gilt als höchste Ehre

---

Die Muschel wurde im Lauf der Jahrzehnte immer wieder erneuert (die heutige stammt von 2004), die Akustik dabei stets verbessert. Bei ausverkauften Konzerten lauschen mehr als 17 000 Menschen. Besonders beliebt sind Picknicks vor den Veranstaltungen: Dafür stehen allein 15 entsprechende Zonen zur Verfügung. Dreingabe zum Musikgenuss ist der Blick auf die Hollywood Hills.

Hollywood Sign
(M 1) Siehe Seite 56

Jaws House
(O 3) Lloyd Wright, Sohn des Architekten Frank Lloyd Wright, plante das 1926 erbaute Haus für den Maler und Fotografen John Sowden. Wie sein Vater beim Hollyhock House arbeitete der Junior bei seinem Entwurf Elemente der Maya-Kultur ein. Doch statt an präkolumbianische Tempelarchitektur dachten die Passanten beim Anblick der Fassade an ein weit geöffnetes Haifischmaul und verpassten dem Haus seinen Spitznamen.

La Brea Tar Pits
(B 2) Seit zehntausenden von Jahren tritt im heutigen **Hancock Park** Asphalt zu Tage, Erdöl, das sich an der Luft verdickt. Indianer dichteten damit ihre Häuser ab, doch Tiere, die ihren Durst an den vermeintlichen Wasserlöchern stillen wollten, hatten sprichwörtliches Pech – sie wurden von den Teerpfützen verschluckt. Bei den seit 1908 durchgeführten Ausgrabungen fand man Skelett-Teile längst ausgestorbener Spezies wie dem Mam-

124 MERIAN www.merian.de

mut und der Säbelzahnkatze. Zu sehen sind die Fossilien im benachbarten **George C. Page Museum**.

L.A. Zoo

(C 1) Mit 46 Hektar ist das Gelände im **Griffith Park** so groß wie die Zoos in Berlin (35 ha) und Frankfurt (11 ha) zusammen. Neben der auch andernorts üblichen Fauna ist im Park die amerikanische Tierwelt besonders reichhaltig vertreten. Verdient hat sich der Zoo um den Kalifornischen Kondor, der dank Zuchterfolgen vor dem Aussterben gerettet werden konnte.

Malibu Pier

(A 2) Am östlichen Ende des legendären Küstenstädtchens ragt die über 200 Meter lange Seebrücke in den Pazifik. Die 1905 errichtete Konstruktion wirkt mit ihren Zwillingshäuschen wie eine Reminiszenz an europäische Seebäder. Von zahlreichen Winterstürmen schwer ramponiert, war die Pier ab 1995 gesperrt und wurde erst 2008 wieder eröffnet. Wo im Zweiten Weltkrieg die Küstenwache aufs Meer schaute, um Feinde zu erspähen, kann man heute wunderbar die Wellenreiter des benachbarten **Surfrider Beach** beobachten.

Paramount Studios

(M 6) Siehe Seite 126

MERIAN | MAUSKLICK

Es ist die »meistgehasste Website Hollywoods«: Monatlich verfolgen 13,5 Millionen Leser die neuesten Gerüchte, die aktuellsten Paparazzi-Fotos auf **www.perezhilton.com** Weniger fies geht es dagegen auf **www.seeing-stars.com** zu. Hier erfährt der Fan, wo sich sein Lieblingsstar herumtreibt oder wie man selbst ins Fernsehen kommt: beispielsweise als »Seat-Filler«.

Rodeo Drive

(B 2) Schnäppchen wird man hier kaum machen – die Einkaufsstraße gilt als Fifth Avenue der Westküste, allerdings mit höherer Promi-Dichte. Und so sind hier eher die Käufer als die Auslagen sehenswert; viele der hier vertretenen Modelabel gibt es auch an der Düsseldorfer Kö. Ein architektonisches Highlight steht an der Ecke N. Rodeo Drive/Park Way: Das 1978-88 erbaute **O'Neill House** ist eine Reminiszenz an Antoni Gaudí.

Royce Hall

(B 2) Die Basilika Sant' Ambrosio in Mailand stand Modell für das Hauptgebäude der **University of California Los Angeles (UCLA)**. 1929, zwei Jahre, nach der Verlegung des Campus von der Vermont Avenue nach Westwood Village, war die akademische Kathedrale fertiggestellt. Sie ist mehr als ein Tempel der Bildung: Hier gibt es einen großen Konzertsaal, in dem gelegentlich die Philharmoniker und das Kammerorchester von Los Angeles aufspielen. Zeitgleich mit Royce Hall entstand Powell Library. Auch die Bibliothek hatte die Mailänder Kirche zum Vorbild. Zu den Studenten an der UCLA gehörten die Filmschaffenden Jayne Mansfield, James Coburn, Francis Ford Coppola und James Dean.

Santa Monica Pier

(B 2) Am »Pleasure Pier« endet die berühmte Route 66. Bereits 1909 wurde dieser Vergnügungspark gebaut. Er hatte von Anfang an weniger mit dem zu tun, was auf dem Schild über dem Eingang steht: Sport Fishing, Boating. Vielmehr befinden sich auf dem Areal eine Achterbahn, Karussells, ein Hippodrom und das weithin sichtbare Riesenrad.

Staples Center

(C 2) Als die Welt von Michael Jackson Abschied nahm, versammelten sich tausende Trauernde im Staples Center. Die moderne Arena dient normaler-

---

REISELUST
EL 32 TRAVELER. FÜR UNVERGESSLICHE AUGENBLICKE

Es sind die Details, die den Augenblick einzigartig und die Reise zu einem unvergesslichen Erlebnis machen. Ein perfektes, leichtes Fernglas wie das EL 32 TRAVELER ist dabei unverzichtbar. Absolut scharf, präzise und in brillanten, naturgetreuen Farben ermöglicht es Einblicke, die sonst für immer verborgen bleiben müssten.

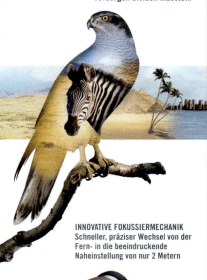

INNOVATIVE FOKUSSIERMECHANIK
Schneller, präziser Wechsel von der Fern- in die beeindruckende Naheinstellung von nur 2 Metern

LICHTSTARK UND BRILLANT
Lichtstarke Optik für klare, kontrastreiche Bilder auch bei schlechten Lichtverhältnissen; mit 8facher oder 10facher Vergrößerung

LEGENDÄRER EL-DURCHGRIFF
Angenehme, ergonomische Bedienung – auch mit nur einer Hand

SEE THE UNSEEN
WWW.EL-TRAVELER.COM
SWAROVSKI OPTIK KG
Daniel-Swarovski-Straße 70, 6067 Absam, Austria
Tel. +43/5223/511-0, Fax +43/5223/41 860
Hotline: 00800/1949 2009, info@swarovskioptik.at

SWAROVSKI
OPTIK

SEHENSWERTES VON A BIS Z

MERIAN | STUDIOTOURS

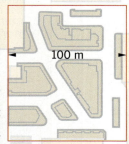

Auf einer Fläche von anderthalb Fußballfeldern wurden auf dem riesigen Paramount-Areal Fassaden aus New York und Chicago nachgebaut. L.A. wird hier nicht gebraucht – das hat man vor der Studiotür

Am Set zählt nur der Schein: Der Hydrant ist aus Plastik (links). Oben: Kulisse auf dem Gelände von Warner Bros. Kopfüber hing »Spiderman« in der berühmten Kuss-Szene mit Mary Jane an der Feuerleiter

Paramount Studios
(M 6) ist seit 1926 an der Marathon Street ansässig und das letzte im Zentrum Hollywoods verbliebene große Studio. Die 1912 gegründete Traumfabrik hat Blockbuster wie »Die Zehn Gebote«, »Der Pate« und »Titanic« hervorgebracht. Auf dem 26 Hektar großen Gelände stehen Straßenzüge, die sich in der Wirklichkeit in Chicago oder im Financial District von Manhattan befinden (siehe Ausschnitt links). Besucher werden von einem Guide im Golfkart herumgefahren. Für einen Blick hinter die Kulissen öffnen auch andere Filmstudios ihre Tore: Bei **Warner Bros. Studios**, 3400 Riverside Drive, Burbank (B 1), kann eine VIP Studio Tour gebucht werden. Dort sind komplette Aufnahmesets von »Emergency Room« und ebenfalls ganze Straßenzüge (Foto) zu sehen, in denen Filmszenen für »Spiderman« und »Casablanca« gedreht wurden. Die Warner Bros. Tour endet mit einem Besuch des Studio-Museums, wo u.a. Harry Potter-Requisiten ausgestellt sind. Die **Universal Studios** in Universal City (B 1) hingegen sind ein riesiger Vergnügungspark. Man begegnet »Terminator« und »Shrek« und kann in den »Jurassic Park« oder die »Waterworld« eintauchen.

www.wbstudiotour.com
www.paramountstudios.com
www.sonypicturesstudios.com
www.universalstudioshollywood.com

---

weise Sport- und Konzertveranstaltungen, sie ist Heimat der Profi-Baketballteams Lakers, Clippers und Sparks (Damen) und der Eishockeyspieler von den Los Angeles Kings. Auf den Tribünen der 1999 eröffneten Halle haben bis zu 20 000 Zuschauer Platz.

Sunset Strip
(C 5-F 4) Siehe Seite 104

Venice Beach
(B 2) Der parallel zum Strand verlaufende Venice Ocean Front Walk gehört den Freaks, nicht den Schönen. Dafür gibt es jede Menge sympathisch verlotterte Typen: Bodybuilder, Straßenmusiker, Pflastermaler, Fast-Food-Bruzzler, Kettensägen-Jongleure, Wahrsager, Zöpfeflechter, Nippeshändler. Dazwischen der eine oder andere Obdachlose, der seinen Plastiktütenhaushalt verwaltet.

Villa Aurora
(A 2) Das 1928 erbaute Anwesen in Pacific Palisades war ab 1943 Wohnhaus des emigrierten Schriftstellers Lion Feuchtwanger. Nach dessen Tod 1958 verbrachte seine Witwe Marta hier ihren Lebensabend, sie starb 1987. Heute dient die Villa als temporäres Heim von Kunst-Stipendiaten sowie als Kulturzentrum, das die Erinnerung an Künstler wachhält, die von totalitären Machthabern aus ihrer Heimat vertrieben wurden.

Witch's House
(B 2) Die Villa sieht aus wie Hänsels und Gretels Alcatraz. 1921 wurde Witch's House vom Architekten Harry C. Oliver für eine Filmproduktionsgesellschaft entworfen. Fünf Jahre stand es in Culver City und diente als Kulisse in diversen Stummfilmen. 1934 wurde das Haus mit dem pechschwarzen Dach, dem spitzen Giebel und den winzigen Fenstern abgebaut und nach Beverly Hills transportiert. Zunächst wohnte hier die Familie Spadena, weshalb es auch als »The Spadena House« bekannt ist. Heute gehört die Hexenvilla einem Makler.

ZOO am SONNTAG

Kunst hautnah erleben – jeden Sonntag mit **WELT am SONNTAG**.

DIE WELT GEHÖRT DENEN, DIE NEU DENKEN.

WELT.DE

Jetzt 4 Wochen WELT am SONNTAG kostenlos Probe lesen!
Tel.: **0800/8 50 80 30** (gebührenfrei aus dem dt. Festnetz).

MERIAN ZUM NACHBESTELLEN

MERIAN ist das Synonym für Reisen und Kultur auf höchstem Niveau. Wertvolle Tipps und detailgetreue Kartographie erleichtern Ihre Reiseplanung und geben neue Ideen und Ziele.

Nutzen Sie den bequemen Bestellservice für bereits erschienene Titel unter Telefon 040/87 97 35 40 oder www.merian.de/shop

      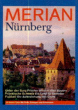

Lieferbare MERIAN Ausgaben

- **Ä**gypten
- Allgäu
- Amsterdam
- Andalusien
- Argentinien
- Athen

- **B**aden-Württemberg*
- Bali
- Baltikum
- Berlin
- Bonn*
- Brasilien
- Braunschweig*
- Budapest

- **C**hicago
- Chile und Patagonien
- Cornwall
- Côte d'Azur

- **D**eutschland*
- Dominikanische Republik
- Deutsche Technikstraße
- Dresden
- Dubai
- Düsseldorf

- **E**cuador
- Elsass
- Emilia-Romagna
- Finnland
- Florenz
- Florida
- Frankfurt
- Französische Atlantikküste

- **G**ardasee
- Griechenland*
- Große Ferien*

- **H**amburg
- Harz
- Himalaya
- Hollywood
- Hongkong

- **I**rland
- Istanbul
- Italien**

- **J**apan
- Jerusalem

- **K**alifornien
- Kanalinseln
- Kanar. Inseln
- Kapstadt
- Karlsruhe*
- Kärnten
- Kiel*
- Köln
- Krakau
- Kreta
- Kroatien
- Kuba

- **L**as Vegas
- Ligurien
- Lissabon
- Linz
- Die Loire
- London
- Luxemburg

- **M**adeira
- Madrid
- Mallorca
- Malta
- Marokko
- Masuren
- Mauritius und Réunion
- Meckl.-Vorp.
- Mexiko
- Moskau
- MS Europa*
- München
- Münsterland

- **N**amibia
- Neapel und die Amalfiküste
- Neuseeland
- New York
- Wasserreich Niedersachsen*
- Norwegen
- Nürnberg

- **O**berbayern
- Oldenburg*
- Osnabrück*

- **P**eking
- Pfalz
- Piemont / Turin
- Portugal
- Prag
- Provence

- **R**egensburg
- Rom
- Das neue Ruhrgebiet*
- Rügen

- **S**alzburg und das Salzburger Land
- Schottland
- Schweden
- Schweiz
- Shanghai
- Sizilien
- Slowenien
- Spaniens Norden
- Städtereisen Deutschland*
- Städtereisen Europa*
- Steiermark
- Stockholm
- St.Petersburg
- Stuttgart
- Südafrika

TESTEN SIE MERIAN

Sie erhalten die nächsten 3 Ausgaben MERIAN frei Haus zum Preis von nur 19 Euro statt 23,85 Euro bei Einzelkauf. **Zusätzlich und als Dankeschön für Ihr Interesse:** MERIAN-Jubiläumsausgabe „Unsere Erde", Der blaue Planet von A bis Z

20% GESPART

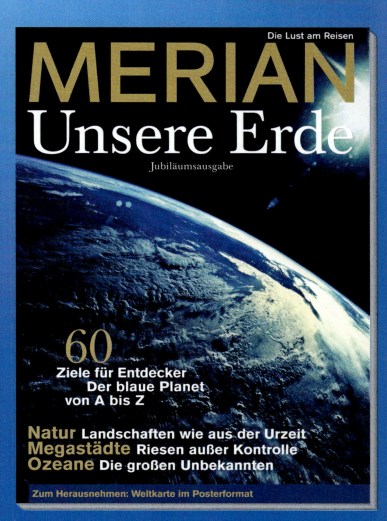

- Südtirol
- Sylt
- **T**essin
- Thailand
- Thüringen
- Tirol
- Traumstraßen*
- Türkische Südküste
- **U**lm*
- Umbrien und die Marken
- Unsere Erde
- USA:
- **V**atikan
- Der Süden

- Venedig
- Vietnam
- Vorarlberg
- **W**eimar
- Wien / Niederösterreich
- Autostadt Wolfsburg*
- **Z**ürich
- Zypern

MERIAN Ausgaben erhalten Sie für 7,95 Euro, die MERIAN extra-Ausgaben für
* 5,– bzw.
** 7,50 Euro

Globalisierung und lokales Handeln, Rückschau und Blick in die Zukunft, Welterbe, Weltstädte und künstliche Welten – das MERIAN-Jubiläumsheft „Unsere Erde" nimmt Sie mit auf eine Reise zu den faszinierendsten Geheimnissen des blauen Planeten. Mit neuesten Zahlen und harten Fakten, großen Bildern und packenden Reportagen öffnet Ihnen diese Ausgabe die Augen für die Schönheit und Wunder unserer Erde. Sie erhalten dieses 230 starke Jubiläumsheft als Dankeschön für Ihr Interesse.

Nutzen Sie den Bestellservice unter Telefon 040/87 97 35 40 oder www.merian.de/shop
Bitte geben Sie bei Ihrer Bestellung die **Aktions-Nr.: 29063** an.

KULTUR

MERIAN | MEISTERSTÜCK

Phantastische Kurven

David Hockney widmete seinem Arbeitsweg sein bisher größtes Gemälde.
Die Fahrt auf dem Mulholland Drive prägte sein Bild von Los Angeles

Er ist so lang wie ein alter Film und ebenso duftend und Panik erregend wie der lethargische Zustand Marilyns.« So beschreibt Schriftsteller David Thomson den Mulholland Drive, die wohl bekannteste Straße Los Angeles'. Viele sind ihrer Anziehungskraft erlegen: Schon Gary Cooper und James Dean liebten es, die Haarnadelkurven hochzurasen, Regisseur David Lynch benannte einen seiner Filme nach der Straße, und David Hockney widmete ihr sein bisher größtes Gemälde. Sechs Meter breit ist »Mulholland Drive: The Road to the Studio«.

Getupfte oder gestrichelte Flächen in kräftigen Farben dominieren das Werk, in dem Hockney mit dem Wechsel von Perspektiven sowie von abstrakter und figürlicher Darstellung spielt. Im Vordergrund ist eine bunte, hügelige Landschaft mit Bäumen, Häusern, Tennisplätzen, sogar Strommasten zu erkennen. Den Hintergrund füllt ein leeres Raster – ein Stadtplan von Studio City und Burbank. Im mittleren Teil des Bildes schlängelt sich der Mulholland Drive über die Berggipfel und vermittelt dabei ein Gefühl von Geschwindigkeit, Bewegung und Höhe. Ganz automatisch folgt der Betrachter den Kurven, fährt die Straße mit den Augen entlang.

Hockney selbst liebte es, in seinem kastanienbraunen Fiat von seinem Haus in den Hollywood Hills zum Studio auf dem Santa Monica Boulevard zu kurven. Und je öfter er den Mulholland Drive entlang fuhr, so Hockney, desto mehr beeinflussten die Schlangenlinien, die »wiggly lines«, sein Leben und seine Kunst. Er sah L.A. dadurch nicht mehr nur als Stadt mit geraden Straßen, rechten Winkeln und Würfeln. 1980 entstand das imposante Acryl-Gemälde über das Hockney sagt: »Wenn man hier oben lebt«, sei es »realistischer, als man meint«.

Die Schlangenlinien des Mulholland ziehen sich von Ost nach West, über 80 Kilometer von Nord-Hollywood bis zur Küste von Malibu, immer entlang den Santa Monica Mountains. Atemberaubend sind die Aussichten auf West Hollywood, Downtown, Studio City und San Fernando. David Hockneys Liebe zu Los Angeles ist in vielen seiner Bilder zu erkennen. Ab Ende der siebziger Jahre lebte Hockney, 1937 in England geboren, fast drei Jahrzehnte in L.A, bevor er wieder nach Großbritannien zurückkehrte. Eines seiner bekanntesten Motive aus der Zeit in Kalifornien sind die leuchtend blauen Swimmingpools. Hockneys »Mulholland Drive« ist im „Art of the Americas Building" des Los Angeles County Museum of Art ausgestellt.

(B 2) Los Angeles County Museum of Art (LACMA)
5905 Wilshire Blvd., Tel. 323 857 6000, www.lacma.org

»Mulholland Drive: The Road to the Studio« (1980) ist Hockneys Hommage an die berühmteste Straße von Los Angeles

Von Grafik bis Graffiti: Gegenwartskunst in der Carmichael Gallery

MUSEEN

Die drei wichtigsten Museen in L.A. sind das **Los Angeles County Museum of Art (LACMA) (B 2)**, das **J. Paul Getty Museum (im Getty Center) (B 2)** und das **Museum of Contemporary Art (MOCA) (O 6)**. Informationen zu Sammlungen, Adressen und Öffnungszeiten der einzelnen Häuser finden Sie auf Seite 97. Außerdem sehenswert:

Getty Villa
Das Haus in Malibu ist der Kunst und Kultur der alten Griechen, Römer und Etrusker gewidmet. Nach Renovierung der römisch anmutenden Villa 2006 wiedereröffnet.
(A 2) 17985 Pacific Coast Highway
Tel. 310 440 7300
www.getty.edu
Eintritt frei (Parkplatz 15 $)

Hammer Museum
Sammlung von Gemälden, Zeichnungen und Skulpturen des französischen Satirikers Honoré Daumier. Werke von Rembrandt und Tizian sind zu sehen, außerdem (Post-)Impressionisten und zeitgenössische Kunst.
(B 2) 10899 Wilshire Blvd.
Tel. 310 443 7000
www.hammer.ucla.edu

Hollywood Heritage Museum
In dieser Scheune produzierten bereits die Filmpioniere Jesse Lasky und Cecil B. De Mille ihre Filme. Viele Fotos und Artefakte erzählen von den Anfängen Hollywoods.
(K 3) 2100 North Highland Ave.
Tel. 323 874 2276
www.hollywoodheritage.org

Hollywood Museum
Filmgeschichte von Charlie Chaplin bis Zac Efron: Kostüme, Poster, sogar Hannibal Lecter's Gefängniszelle aus »Das Schweigen der Lämmer« sind zu bewundern.
(K 4) 1660 North Highland Ave.
Tel. 323 464 7776
www.thehollywoodmuseum.com

Museum of Tolerance
Rassismus, Diskriminierung und Holocaust sind Thema des Museums. Regelmäßig berichten hier Holocaust-Überlebende über ihre Erlebnisse. Das Projekt »Finding Our Families, Finding Ourselves« dokumentiert die Geschichten bekannter amerikanischer Persönlichkeiten wie Carlos Santana, und ein »Tolerancenter« konfrontiert Besucher mit den Folgen von Intoleranz und Rassismus im Alltag.
(B 2) 9786 West Pico Blvd.
(Simon Wiesenthal Plaza)

KULTUR

MERIAN | KOLUMNE

Mehr Hingabe!

Berlinale-Chef Dieter Kosslick über Hollywood und die deutsche Filmemacher-Generation

Wenn ich gefragt werde, wie viel Hollywood im deutschen Film steckt, antworte ich inzwischen mit Gegenfragen: Wo hat Quentin Tarantino seinen neuen Film gedreht? In Babelsberg. Und wo filmt gerade Tom Cruise? In Australien. Und Roland Emmerich, unser Deutscher in Hollywood, dreht demnächst ebenfalls in Babelsberg.

Film ist ein globales Geschäft, auch in Hollywood. Und Deutschland ist attraktiv. Was die deutschen Filmschaffenden betrifft, so haben diese in den vergangenen Jahren enorm an Professionalität gewonnen. Es werden bessere Drehbücher geschrieben, Geschichten mit Hingabe erzählt. Inzwischen haben wir zahlreiche renommierte Filmschulen und eine extrem gut ausgebildete Filmemacher-Generation. Und wir haben gelernt, Geschichten zu erzählen, die eine eigene Identität haben, aber dennoch universell sind. Ein gutes Beispiel ist »Das Leben der Anderen« oder auch »Good Bye Lenin«. Das sind natürlich deutsch-deutsche Geschichten. Aber es geht auch um den Missbrauch von Staatsgewalt, den Konflikt zwischen Individuum und Staatsapparat oder um Lebenslügen – damit wird es zum universellen Thema. Und so müssen Filme konzipiert sein, die die Welt bewegen.

Gespielter Absturz: Flugzeugwrack in den Universal Studios

Tel. 310 772 2505
www.museumoftolerance.com

The Wende Museum
(B 2) siehe Seite 10

GALERIEN

ACE Gallery
Douglas Chrismas gründete 1961 die ACE Gallery und stellte schon vor dreißig Jahren Werke von Roy Lichtenstein und Andy Warhol aus, bis heute folgen immer wieder beachtliche junge Künstler.
(B/C 2) 5514 Wilshire Blvd.
Tel. 323 935 4411
www.acegallery.net

ACME.
Die Galerie in der Nähe des LACMA ist spezialisiert auf zeitgenössische Werke. Zu sehen sind Gemälde, Zeichnungen, Drucke, Skulpturen und Installationen.
(B 2) 6150 Wilshire Blvd.
Tel. 323 857 5942
www.acmelosangeles.com

Blum & Poe
Gute Adresse für zeitgenössische Kunst, seit 2003 am La Cienega Boulevard. Wegen des Erfolgs von Blum & Poe haben sich weitere Galerien in der Nähe angesiedelt.
(E 7) 2754 S. La Cienega Blvd., Tel. 310 836 2062
ww.blumandpoe.com

Carmichael Gallery
Graffiti- und Street-Art-Künstler, die hier ausgestellt werden, gehören schon fast zum Establishment. Shepard Fairey, Banksy (s. Seite 82) und weitere erstklassige Künstler sind hier vertreten.
(J 5) 1257 N. La Brea Ave.
www.carmichaelgallery.com

Jack Rutberg Fine Arts
Jack Rutberg schätzt moderne Kunst, seine Liebe gehört dem Expressionisten Hans Burkhardt, mit dem er befreundet war. Für Interessierte öffnet er sein Burkhardt-Archiv.
(J 5) 357 North La Brea Ave.
Tel. 323 938 5222
www.jackrutbergfinearts.com

MUSIK

Dorothy Chandler Pavilion/ Los Angeles Opera
Das Konzerthaus ist mit 3086 Plätzen eines der größten des Landes. Es ist Heimstatt der Reihe »Dance at the Music Center« und der Los Angeles Opera. Deren Direktor ist seit 2003 Plácido Domingo.
(C 2) 135 North Grand Ave.
Tel. 213 972 7219
www.chandler-pavilion.com
www.laopera.com

The Viper Room
Der Club gehörte Johnny Depp – und ist seit Jahren angesagt.
(D 5) 8852 W. Sunset Blvd.
Tel. 310 652 7869
www.viperroom.com

Walt Disney Concert Hall
Frank Gehrys Meisterwerk erinnert an ein stählernes Segelschiff, ist Sitz des Los Angeles Philharmonic Orchestra und wurde 2003 eröffnet. Konzerte von Klassik bis Pop.
(C 2) 111 South Grand Ave.
Tel. 213 972 7211
http://musiccenter.org
www.laphil.com

Whiskey A GoGo
Weltberühmt: Hier spielten Jimi Hendrix und Janis Joplin.
(D 5) 8901 W. Sunset Blvd.
Tel. 310 652 4202
www.whiskyagogo.com

ESSEN UND TRINKEN

Von mittags bis abends warten Paparazzi gegenüber vom »Ivy«

Das Café in der Nachbarschaft: »Little Next Door«

Wo man gut essen kann, ist in Hollywood und Los Angeles weniger eine Frage des Insiderwissens, als des nötigen Kleingelds. Hier ein Mix aus Feinschmecker-Tipps, Adressen zum Starwatching und Zwischenstopps für eine leckere Mahlzeit.

Animal
In der früheren Bäckerei wird Exzellentes frisch serviert. Puristische Einrichtung, junges Publikum, der Neuaufsteiger in Hollywood.
(G 7) 435 N. Fairfax Ave.
Tel. 323 782 9225
www.animalrestaurant.com

BLD
Perfekt für ein spätes Frühstück oder einen langen Bruch. Auch »Hollywood Bowl Boxes«, gut gefüllte Picknickkörbe, sind hier zu haben.
(H 7) 7450 Beverly Blvd.
Tel. 323 930 9744
www.bldrestaurant.com

Comme Ça
Beste Brasserie weit und breit. Das Szenepublikum liebt David Myers Gerichte. Wer nur mal kosten will, geht in die Patisserie Boule gegenüber.
(E 6/7) 8479 Melrose Ave.
Tel. 323 782 1104
www.commecarestaurant.com

Koi
Raffinierte japanische Gerichte und Sushi im Feng-Shui-Ambiente. George Clooney und Freunde lieben es.
(E 6) 730 N. La Cienega Blvd., Tel. 310 659 9449
www.koirestaurant.com

Little Next Door
Gute Suppen, Salate, Sandwiches und Steaks. Roland Emmerichs Lieblingslokal heißt »The Little Door« und ist der große Bruder von diesem lauschigen kleinen Café.
(D 7) 8142 West 3rd St.
Tel. 323 951 1010
www.thelittledoor.com

Osteria Mozza
Kalifornisch-italienische Küche vom Feinsten.
(F 6) 6602 Melrose Ave.
Tel. 323 297 0100
www.mozza-la.com

Spago Beverly Hills
Früher kamen die Stars, heute ist der Österreicher Wolfgang Puck erfolgreich unter die Systemgastronomen gegangen. Seine Restaurantkette bedient jeden Geschmack.
(B 2) 176 N. Canon Drive
Tel. 310 385 0880
www.wolfgangpuck.com

The Ivy
Seit Jahren ist das »Ivy« ein In-Treff unter Stars wie Lindsay Lohan oder Christina Aguilera, besonders am Mittag. Ein weißer Gartenzaun schützt die Außenplätze vor Fans und Paparazzi, trotzdem wissen alle: Wer hier sitzt, will gesehen werden.
(D 7) 113 N. Robertson Blvd.
Tel. 310 274 8303

Urth Caffé
Biokaffee und gesunde Snacks. Zur Zeit so im Trend, dass viele Stars gleich nach der Ankunft am Flughafen hierher fahren, um zu zeigen, das sie wieder in L.A. sind.
(D 6/7) 8565 Melrose Ave.
Tel. 310 659 0628
www.urthcaffe.com

Whole Foods Market
Hervorragende Bio-Supermarktkette mit Buffetbereich, der heiße und kalte Speisen und Getränke bietet.
(G 5) 7871 Santa Monica Blvd.
www.wholefoodsmarket.com

MERIAN | ANGESAGT

Cecconi's Der edle Italiener ist »the place to be«. Das Essen? Nicht weiter erwähnenswert. Dennoch: Alle, die sich für wichtig halten, treffen sich hier zum Business-Lunch.
(D 7) 8764 Melrose Ave., Tel. 310 432 2000
www.cecconiswesthollywood.com

ÜBER NACHT

MERIAN | WO HOLLYWOOD FEIERT

Happy End inklusive

Julia Roberts im roten Kleid in der Lobby des Beverly Wilshire – manche Hotels gehören einfach ins Kino. Aber: man kann dort auch übernachten

Beverly Wilshire – Berühmt durch »Pretty Woman«
Hier spielte die bekannteste Filmromanze der neunziger Jahre – die Welt kennt das Hotel als Dreh- und Spielort von »Pretty Woman«. Außerdem haben hier schon jede Menge prominenter Gäste logiert, die Liste reicht von Barbra Streisand über Präsident Obama und Prince Charles bis hin zum Dalai Lama. Und manche bleiben länger als nur ein paar Tage. So logierte Elvis Presley gleich mehrere Jahre im »Wilshire«. Die zwei besten Suiten bieten den Gästen einige hundert Quadratmeter Wohnfläche, Porzellan und Kristall im Speiseraum, drei Bäder in Marmor und Gold, gleich mehrere Betten sowie das Versprechen, dass das Personal bei einem Anruf kein »Nein« kennt. Bis zu 15 000 Dollar kosten die Top-Suiten pro Nacht und sind doch so beliebt, dass es eine Warteliste gibt. Alles ist exklusiv bei der »Grande Dame« von Beverly Hills: Die Lage beim Rodeo Drive, die feilgebotenen Juwelen und der direkte Zugang zu einer Escada-Boutique. Das riesige E-förmige Gebäude schwankt zwischen Moderne und Tradition. Die große Lobby mit Kronleuchter und die Zimmer zeugen von den goldenen Zeiten Hollywoods, während das edle Restaurant von Richard Meier, dem Architeken des Getty Center in Brentwood gestaltet wurde.
(B 2) 9500 Wilshire Blvd., Tel. 310 275 5200
www.fourseasons.com/beverlywilshire *DZ ab 395 Dollar*

Four Seasons Hotel Los Angeles – Audienz bei den Stars
Lilienduft betört jeden, der die Vorhalle der Lobby betritt. Das Blumengesteck bäumt sich bis zum Kronleuchter auf. Ein Vorgeschmack auf die opulenten Zimmer, die mit Brokatstoffen und poliertem Holz in warmen Farben eingerichtet sind. Sogar im Marmorbadezimmer hängt ein Fernseher. Luxus wirkt hier nicht protzig, sondern irgendwie authentisch. So reicht der Herr in Shorts, Tennisschuhen und Polo-Shirt am Pool auch mal mit schmeichelhaftem Lächeln ein gar nicht bestelltes Fruchteis. Ein guter Film wurde hier nicht gedreht. Dafür finden in den Zimmern des Hauses fast alle »Press Junkets« statt, bei denen die Stars einer Hand voll Journalisten eine Audienz gewähren. Beste Gelegenheit zum Celebrity-Spotting ist der Sonntagsbrunch im Garten.
(C 7) 300 South Doheny Drive, Tel. 310 273 2222
www.fourseasons.com/losangeles *DZ ab 385 Dollar*

Hier posierte schon Marilyn: Pool des Hollywood Roosevelt

Hollywood Roosevelt – Haus der ersten Oscars
Eine Nacht machte das Hotel zu einem der legendärsten in Hollywood: Am 16. Mai 1929 fand im »Blossom Room« die weltweit erste Oscar-Verleihung statt. Später war Marilyn Monroe gerne hier und posierte am Pool für Werbefotos. Heute schmückt ein Gemälde von David Hockney das Becken. Eine Begegnung mit Hollywoods A-Prominenz (etwa Kirsten Dunst, Lindsay Lohan, Eva Longoria oder Scarlett Johansson) ist hier durchaus möglich. Mit etwas Glück stolpert man auch über den roten Teppich einer Filmpremiere oder erlebt einen Dreh. Szenen für »Die fabelhaften Baker Boys«, »Beverly Hills Cop II« und »Catch Me If You Can« mit Leonardo DiCaprio entstanden im Hollywood Roosevelt. Der ist übrigens recht häufig in der »Teddy's Lounge« anzutreffen. Besonders der Pool (mit Bar!) ist ein beliebter Partyort, etwa dienstags, wenn DJs hier auflegen, oder donnerstags, wenn um Mitternacht Synchronschwimmerinnen ihre Kunststücke zeigen. Nach einer Renovierung wurde der einst recht kitschige Old-Hollywood-Charakter abgemildert, das Roosevelt ist jetzt ein modern gestyltes Design-Hotel. Lediglich der Ausblick lässt in manchen Zimmern zu wünschen übrig.
(J 4) 7000 Hollywood Blvd., Tel. 323 466 7000
www.hollywoodroosevelt.com *DZ ab 220 Dollar*

ÜBER NACHT

Bei der Hotelsuche haben Sie die Wahl: die nächtliche Poolparty im Traumhotel oder das Motel, in dem der Parkplatz extra kostet. In Hollywood ist alles möglich.

CHIC UND GLAMOURÖS

The Beverly Hills Hotel
Das »Hotel California« auf dem Album der Eagles ist bis heute ein Hotspot der Stars. Der Ruhm hat seinen Preis.
**(A 6) 9641 W. Sunset Blvd.
Tel. 310 276 2251
www.beverlyhillshotel.com**
DZ ab 590 Dollar

Chateau Marmont
Legendärer Schauplatz von Affären und Skandalen, nicht im Film, sondern im wirklichen Leben. 1929 eröffnet, beherbergte es unter anderen Mick Jagger, Jim Morrison, Spike Lee und Robert De Niro.
**(A 6) 8221 W. Sunset Blvd.
Tel. 323 656 1010
www.chateaumarmont.com**
DZ ab 370 Dollar

Millennium Biltmore
Prachtvolles Luxushotel in goldenem »Old World«-Charme von 1923. Hier, in L.A. Downtown wurden Szenen für »Vertigo« (auf der Treppe), »Ghostbusters«, »China« und etliche weitere Filme gedreht.
**(O 6) 506 South Grand Ave.
Tel. 213 624 1011
www.millenniumhotels.com/
millenniumlosangeles**
DZ ab 180 Dollar

Le Montrose Suite Hotel
Suitenhotel, in dem viele Langzeitgäste aus dem Musik- und Filmbusiness logieren. Pool auf dem Dach.
**(C 6) 900 Hammond Street
Tel. 310 855 1115
www.lemontrose.com**
Suiten ab 180 Dollar

The Standard
Wer sich nicht gerne präsentiert, ist an diesem Ort fehl am Platz. Alle anderen werden glücklich sein. Die Preise sind fair und das Konzept überzeugend: Hotelgäste sind Partygäste mit dem wohl kürzesten Weg zum nächsten Club. Sie müssen dem selektiven Blick des Türstehers nicht standhalten, sondern nur abends ihr Zimmer verlassen, schon sind sie in der Purple oder Cactus Lounge. Die West-Hollywood-Szene kommt gern und gut gestylt. Die nächtliche Aussicht vom Pool (und von den besten Zimmern) auf Los Angeles ist großartig, die Mischung aus sechziger Jahre Industrie-Design, Kunstrasen am Pool und Andy-Warhol-Vorhängen in den geräumigen Zimmern einzigartig. Das »Standard« liegt in einer berüchtigten Ecke West Hollywoods: River Phoenix starb auf dem Sunset Blvd. an einer Überdosis. Im »Whiskey A Go-Go« trat die Rockband »The Doors« auf. Das »Standard« ist alles, nur nicht Standard.
**(F 4) 8300 W. Sunset Blvd.
Tel. 323 650 9090
www.standardhotels.com**
DZ ab 160 Dollar

W Los Angeles–Westwood
Die W Hotels versprechen ein »Wunderland« und sind als Design-Kette mit Stil weltweit erfolgreich. Im »Wunderland« gibt es dann Dinge wie diese: Im Aufzug werden Gäste mit Sprüchen wie »You're wild!« begrüßt, ein Monitor zeigt ihr Bild in 32-facher Ausführung. Die Zimmer sind mit Liebe zum Detail gestaltet, neben dem übergroßen Flachbild-Fernseher liegen Design- und Architekturbücher zum Schmökern aus. Der große, geschmackvoll angelegte Außenbereich mit Pool und Restaurant heißt einfach »WET« – ein guter Rückzugsort in der Wunderwelt.
**(A 6) 930 Hilgard Ave.
Tel. 310 208 8765
www.starwoodhotels.
com/whotels**
DZ ab 295 Dollar; Jan. 2010 eröffnet ein weiteres W-Hotel am Hollywood Boulevard.

SCHLICHT UND GUT

Comfort Inn Sunset/
La Brea
Keine Schönheit, aber zentral gelegen und gut geführt. Gleich beim Sunset Strip.
**(J 4) 7051 W. Sunset Blvd.
Tel. 323 462 0905
www.comfortinn.com**
DZ ab 130 Dollar

Trutzburg des Luxus: das Beverly Wilshire am Rodeo Drive

Hollywood Celebrity Hotel
Der Name täuscht, hier übernachtet kein einziger Star. Dafür ist das Hotel direkt hinter dem Kodak Theatre, preiswert und verlässlich.
**(J 4) 1775 Orchid Ave.
Tel. 323 850 6464
www.hotelcelebrity.com**
DZ ab 109 Dollar

Holiday Inn Express
»Hollywood Walk of Fame«
Bewährtes Haus mit großen Zimmern. Nahe am »Walk of Fame«, Frühstück inklusive.
**(K 3) 1921 N. Highland Ave.
Tel. 323 850 8151
www.hollywoodholidayinn
express.com**
DZ ab 140 Dollar

Motel 6
Los Angeles Hollywood
Im Hollywood-Ableger der Motel-Kette kostet der Parkplatz zwar 10 Dollar extra, aber der Zimmerpreis ist fast unschlagbar günstig.
**(K 4) 1738 N. Whitley Ave.
Tel. 323 464 6006
www.motel6.com**
DZ ab 71 Dollar

EINKAUFEN

MERIAN | WO HOLLYWOOD EINKAUFT

Pomp und Peace

Betten im Pseudobarock, Abendkleider mit Friedenszeichen am Po: Was auffällt, verkauft sich gut

Chrome Hearts – Heavymetal für Kaiser Karl

Karl Lagerfeld hat eine, Elton John trägt sie und Paris Hilton auch: Unter Stars sind die Sonnenbrillen von Chrome Hearts äußerst beliebt. Im Gegensatz zu dem, was Designer und Gründer Richard Stark sonst noch anbietet, sind sie aber geradezu konventionell. Stark liebt Motorräder und die schwarzsilberne Ästhetik der Rock- und Metalszene. So kreiert er Lederklamotten und Schmuck in Glamourausführung. Die Minischädel und Kreuze an den Ketten glitzern etwas mehr als beim Heavyshop um die Ecke. Liegt das etwa an den vielen Rubinen, Saphiren und Diamanten, die darin eingelassen sind? Es gibt einen schwarzen Rockerteddy, das diamantverzierte Symbol der Rolling Stones und eine Säge mit Lederetui. Bei welchen Gelegenheiten die zum Einsatz kommen soll, kann auch die bleich geschminkte und schwarz gekleidete Verkäuferin nicht erklären.
(D 7) 600 N. Robertson Blvd., Tel. 310 854 9800
www.chromehearts.com

Phyllis Morris – Wo alles mit einem rosa Pudel begann

Gold, Silber, Seide, glitzernde Steine überall. Was an die Wohnräume eines durchgedrehten Barockkönigs oder eines spleenigen Möchtegern-Filmstars erinnert, ist nur

Von Vintage-Chic bis Haute Couture: Die bunte Melrose Avenue

ein Möbelgeschäft – aber was für eins. Der Herr, der gerade um einen metergroßen 12 000-Dollar-Fisch aus Swarovski-Kristallen herumtänzelt, besteht darauf, ein Nachfahre Kaiser Friedrichs III. zu sein. Er verkauft hier Betten und Lampen, und nur allzu gern erzählt Greg Firlotte die Unternehmensgeschichte. »Alles begann mit einer rosa Pudellampe«, sagt er in einem Ton, als würden alle Dinge mit einer rosa Pudellampe beginnen. Die Amerikanerin Phyllis Morris gestaltete sie 1953 nach dem Vorbild ihres rosa gefärbten Pudels Pamela und verkaufte die Lampe aus ihrem rosa Cabrio heraus. Ein Volltreffer. Schnell war sie in der Hollywood-Szene bekannt für ihre extravaganten Möbel, die der Lampe folgten. Sie fand ihren Stil in der Steigerung der barocken Idee von Opulenz, versetzte historischen Stilelementen ein Glamour-Finish und schuf Möbel, die mindestens so auffallen wie die Stars, für die sie gedacht sind.

Phyllis Morris starb 1988, ihr Bombast-Stil ist noch heute en vogue: Das »Grande Venetian«, ein riesiges Schlafschiff in Silber und Gold, blieb ein Bestseller. Sylvester Stallone hat eins, einige Rocker von Mötley Crüe haben es in Schwarz, und auch viele Russen orderten das Mammutmöbel. »Die richtig Reichen sind heute nicht mehr die Stars, sondern neureiche Russen und vermögende Araber«, sagt Greg. Zumindest seien die seit Jahren die Hauptkunden für das über 60 000 Dollar teure Bett. New Hollywood hält sich lieber an das modernere Interieur, das Morris' Tochter Jamie Adler kreiert. Christina Aguilera erstand zum Beispiel das Empire-inspirierte »Trousdale«-Bett. Das gibt's schon ab 14 000 Dollar. So reicht es vielleicht auch noch für eine Tapete mit dem eigenen Konterfei oder für den TV-Rahmen in Pseudobarock.
(D 7) 655 N. Robertson Blvd., Tel. 310 289 6868
www.phyllismorris.com

Bettenburg: Das »Grande Venetian« von Phyllis Morris (links). Ihre Pudellampe machte die Designerin 1953 berühmt

EINKAUFEN

gehört zu den angesagtesten Shoppingmeilen in Los Angeles

J.Gerard Design Studio and Peace Gallery
Prickelnder Mix gegen das Mittelmaß
Mit der großen Brille, ihren schwarzen Kleidern und dem klimpernden Silberschmuck sieht Julia Gerard aus wie eine dunkle, beruhigte Version von Janis Joplin. Die Designerin steht in ihrer »Peace Gallery«, die sie ganz dem berühmten Friedenssymbol gewidmet hat. T-Shirts, Weingläser, Jeans: Auf allem prangt das Zeichen. Warum? »So will ich mehr visuellen Frieden in die Welt bringen«, sagt sie mit tiefer Stimme und schaut dem Neugierigen tief in die Augen.
Das Friedenssymbol zieht sich auch durch ihre Haute-Couture-Kollektion, die sie gleich nebenan präsentiert. Bei einem schwarzen Abendkleid prangt es neckisch auf Pohöhe. Ihr Markenzeichen ist eine prickelnde, durchaus edle Mischung aus Rock- und Flower-Power-Ästhetik mit einem Schuss Glamour. Besonders Musikstars finden das großartig. Prince, Patti Smith und Bob Dylan sind nur einige, die ihre Entwürfe tragen. Wenn Gerard erzählt, dass letzte Woche Paul McCartney da war, um sich die »Peace Gallery« anzuschauen, dann prahlt sie nicht. Sie findet das einfach normal.
Gerne verbindet die exzentrische Designerin Mode mit politischen oder persönlichen Botschaften, macht Anti-Bush- und Anti-Mittelmäßigkeits-Shirts. Da erstaunt es nicht, dass die in den sechziger Jahren aus dem kommunistischen Russland nach Los Angeles geflüchtete Designerin früher selbst aktiv in der Hippieszene war. Dort lernte sie die Rockband »The Doors« kennen, Jimi Hendrix, Frank Zappa, Drogen. »Auf die Partys durfte ich aber nur, weil ich eine schöne Freundin hatte«, sagt sie ironisch und klimpert mit den silbernen Mini-Friedenszeichen am Handgelenk.
(D 6/7) 8575 Melrose Ave., Tel. 1800 543 7273
www.jgerarddesignstudio.com

Edelboutiquen reihen sich am Rodeo Drive Wand an Wand, doch viele Stars shoppen lieber an den »Avenues of Art and Design« rund um den nördlichen Teil des Robertson Blvd. Wichtiger als ein goldenes Namensschild ist hier der diskrete Hinterhofparkplatz.
www.avenuesartdesign.com

3.1 Phillip Lim
Futuristisch-reduzierter Flagshipstore des beliebten Modedesigners Phillip Lim.
(D 7) 631 N. Robertson Blvd., Tel. 310 358 1988
www.31philliplim.com

kitson
Stars zeigen hier ihre Modekollektionen und machen dafür Werbung, indem sie hier alles andere als diskret einkaufen. Die Kleider und Accessoires sind grell, bunt und vermutlich übermorgen schon out. Willkommen in der kurzlebigen Welt des „Celebrity Shopping"!
(D 7) 115 S. Robertson Blvd.
(D 6/7) 8590 Melrose Ave.
(D 7) 142 N. Robertson Blvd., Tel. 310 859 2652
www.shopkitson.com

Makeup Mandy
Mandy führt einen „One-Stop-Shop": Zu ihr kommen Stars wie **Adrien Brody und Eva Longoria**, um auf dem roten Teppich zu strahlen.
(E 6/7) 8533 Melrose Ave. Tel. 310 858 1970
www.makeupmandy.com

Pacific Design Center
Shopping-Komplex mit Schwerpunkt Innenarchitektur. Wer keine antike Vase oder Designerbadewanne braucht, kann den Showroom des Museum of Contemporary Art besuchen.
(D 6/7) 8687 Melrose Ave.
www.pacificdesigncenter.com

Retro Specs
Riesige Auswahl von klassischen Brillen. Ein goldenes Gestell aus den zwanziger Jahren oder eine Hornbrille aus den Fünfzigern? Gibt es alles. Nur nichts Neues.
(D 6/7) 8629 Melrose Ave. Tel. 310 657 4217
www.retrospecs.com

Stella McCartney
In einem mit Efeu überwachsenen Häuschen zeigt die Designerin ihre pelz- und lederlose Mode.
(D 7) 8823 Beverly Blvd. Tel. 310 273 7051
www.stellamccartney.com

MERIAN | SPOT

Bodhi Tree Bookstore
Buchhandlung für Sinnsucher. Bietet seit 1970 alles an, was der umherirrenden Seele helfen könnte: Bücher über Buddhismus, makrobiotische Kost, Christentum und UFO-Sichtungen, geschrieben von Gurus aus dem Osten oder Lebenshelfern aus dem Westen, von seriösen Experten oder Verschwörungstheoretikern.
(D 6/7)
8585 Melrose Ave.
Tel. 310 659 1733
www.bodhitree.com

www.merian.de MERIAN 137

AKTIV

MERIAN | WILDER WESTEN

Wo Kojoten heulen

Die Wildnis beginnt gleich hinter der Glitzerstadt. Gleich mehrere Naturparks bieten grandiose Landschaft und jede Menge Platz zum Durchatmen

Franklin Canyon Park Nationalpark im Taschenformat
(E 1) An der Gabelung von Mulholland Drive und **Coldwater Canyon Drive** geht es auf einer engen Straße hinunter zum Canyon. Man steigt aus dem Auto und fühlt sich wie in einem amerikanischen Nationalpark im Taschenformat. Ausgedehnte Wanderwege führen durch schattige Wäldchen und über helle Lichtungen, ockergelbe Felsen und grüne Büsche fassen ein Wasserreservoir ein. Dazu ein Ententeich, Picknickplätze, Stille. Das Brausen der Großstadt ist nicht zu hören. Ein wunderbarer Ort zum Ausruhen und Abschalten nur ein paar Meilen entfernt vom eleganten Beverly Hills.
2600 Franklin Canyon Drive
Tel. 310 858 7272

Runyon Canyon Park Auslauf für die Lieblinge der Stars
(H 3) Nur ein paar Minuten vom weltberühmten Grauman's Chinese Theatre entfernt, öffnet sich zwei Häuserblocks oberhalb des Hollywood Boulevards an der Kreuzung **Fuller Avenue** und **Vista Street** der untere Eingang zum **Runyon Canyon**: Knapp 65 Hektar staubgelbe Felsenlandschaft, durchzogen von einem fünf Kilometer langen Rundweg und mehreren schmalen Pfaden. **Cloud's Rest** wird der höchstgelegene Punkt genannt, der Aufstieg lohnt sich. Von dort aus blickt man auf Hollywood und kann in nordöstlicher Richtung am Hang des **Mount Lee** das Hollywood-Zeichen sehen. Bei klarem Wetter reicht der Blick bis zum Pazifik. Mit etwas Glück läuft einem auch noch ein echter Star über den Weg, der hier joggt oder den Hund ausführt – der Runyon Canyon gehört zu den wenigen Parks, in denen Los Angeles' Vierbeiner ohne Leine laufen dürfen und ist deswegen sehr beliebt bei den mitunter prominenten Hundehaltern. An heißen Tagen ist das Wandern im Runyon Canyon Park kein Vergnügen, nur ein paar dürre Bäume spenden hier Schatten, und es kann passieren, dass eine Klapperschlange sich mitten auf dem Wanderweg ringelt. Ein weiterer Zugang zum Park befindet sich am oberen Ende des Canyons. Er führt auf den Mulholland Drive. Geöffnet von Sonnenauf- bis Sonnenuntergang.
2000 North Fuller Ave., Tel. 213 485 5572

Topanga State Park Auf Indianergebiet
(A 2) Mehr als 4500 Hektar offenes Grasland, steile Hügel, Wälder, Sträucher, Felsformationen und Canyons – der

Typisch L.A.: bunter Vogel, sportlich unterwegs

Topanga State Park gilt als der weltgrößte Wildnispark, der mitten in einer Großstadt liegt. Über 55 Kilometer zum Teil sehr schmale und steile Wanderwege führen durch das Gelände, Meeresfossilien und Spuren prähistorischer Vulkanausbrüche lassen sich hier entdecken. Früher lebten in diesem Gebiet die Indianerstämme der Tongva und Chumash. Vom gelben Eagle Rock lässt sich das unbebaute Areal wunderbar überblicken. Auch wilde Tiere sind hier zu Hause: Rehwild, Kojoten, Salamander, Schlangen, Wildkatzen. 60 Zugänge hat der riesige Park und theoretisch kann man vom ungepflasterten Mulholland Drive auf dem Kamm der Santa Monica Mountains bis hinunter zur Küste an den Pazifik wandern.
20825 Entrada Road, Tel. 310 454 8212

Westridge-Canyonback Wilderness Park »The Big Wild«
(B 1/2) Der Westridge-Canyonback Wilderness Park macht seinem Spitznamen »The Big Wild« alle Ehre: Er bietet rund 570 Hektar wilde Natur mitten in Los Angeles. Kojoten streifen hier umher, Habichte kreisen am Himmel und sind auf der Suche nach Mäusen, Kaninchen und Schlangen. Sogar Berglöwen wurden hier schon gesichtet. Nicht nur zu Fuß, auch mit Mountainbike oder auf dem Pferderücken kann man den Park entdecken, der von zwei Seiten zugänglich ist: Entweder vom Sunset Boulevard aus über die Mandeville Canyon Road und die Westridge Road, die in einer Sackgasse endet und in einem betuchten Wohngebiet liegt. Oder über den holprigen Sandweg-Abschnitt des Mulholland Drive; Hinweisschilder gibt es dort allerdings nicht. Von der Gabelung Encino Hills Drive und Mulholland Drive führt ein rund 800 Meter langer, relativ steil ansteigender und unbefestigter Weg bis zu einem kleinen Elektrizitätswerk mit einigen Parkplätzen. Von dort geht es dann an einem gelben Fallbaum vorbei zum Eingang des Parks.
17500 Mulholland Drive

AKTIV

Sie sind in zahllosen Kinoszenen verewigt – die schönsten Aussichtspunkte und Strände. Und: Es gibt sogar Gelegenheiten, die Autostadt L.A. mit dem Rad zu erkunden.

AUSSICHTSPUNKTE

Mulholland Drive

(B 2) Viele Wege in das wilde Los Angeles führen über den Mulholland Drive. David Lynch hat ihn in seinem gleichnamigen rätselhaften Film zu einer Metapher für die Traumfabrik erhoben. Vom **Hollywood Freeway** windet sich der Mulholland Drive auf dem Kamm der **Santa Monica Mountains** Richtung Westen. Wenn es Nacht wird in Hollywood, halten Autos in den sandigen Parkbuchten der Aussichtspunkte, die sich entlang der Straße verteilen – obwohl das eigentlich verboten ist. Der Blick über das Lichtermeer der Stadt gehört zum Kino-Repertoire, strapaziert bis zur Ermüdung. Und raubt in der Realität doch den Atem.

...muss damit rechnen, dass der Koyote plötzlich angreift

San Vicente Mountain Park

(B 1/2) Kalter Krieg trifft auf Wildnis: Wer vom Westridge-Canyonback Wilderness Park noch ein Stück weiter den ungepflasterten Mulholland Drive entlangfährt, erreicht den San Vicente Mountain Park: Zwischen 1956 und 1968 befand sich hier eine Raketenabwehr-Station. Informationstafeln klären über die Geschichte des Parks auf. Der alte Radarturm dient heute als Aussichtsplattform: Von oben kann man über die **Santa Monica Mountains** blicken, das große Encino Wasserreservoir sowie das **San Fernando Valley** und das **Los Angeles Bassin** sehen – und die schönsten Sonnenuntergänge erleben. Wanderwege führen unter anderem zum benachbarten **Marvin Braude Mulholland Gateway Park**, zum Westridge-Canyonback Wilderness Park und hinein in „The Big Wild". **17500 Mulholland Drive**

Griffith Park

(N-P 1/2) Mit 1700 Hektar Fläche ist der Park viereinhalb Mal so groß wie der Englische Garten in München. Beeindruckend ist der Blick vom Aussichtsbalkon der im Jahr 1935 eröffneten **Sternwarte**. Von hier hat man eine herrliche Panorama-Sicht über ganz Los Angeles bis zum Pazifik. Auf den Picknick-Plätzen feiern hispanische Familien häufig Geburtstagsfeste, Luftballons hängen in den Eichen, aufgeputzte Kinder toben zwischen Campingstühlen herum, auf dem Grill brutzelt Rindfleisch, aus mitgebrachten Ghettoblaster scheppert Mariachi-Musik. Eine kleine Eisenbahn zuckelt über das Gelände, es gibt Spielplätze, ein Fußballfeld, ein Pferdekarussell und Ponys auf denen die Kinder reiten können. Außerdem ist da noch der **Berlin Forest**, ein kleines Wäldchen, das von einer offiziellen Berliner Abordnung auf Besuch in der Partnerstadt Los Angeles als Freundschaftsgeste gestiftet wurde. **4730 Crystal Springs Drive**

Wer im Griffith Park nicht auf den Pinscher aufpasst, ...

STRÄNDE

Malibu's Surfrider Beach

(A 2) In den fünfziger Jahren war dies der Platz der Surferszene von Los Angeles. Inzwischen tummeln sich die besten Wellenreiter der Welt an diesem Strand, denn eine angenehme frische Meeresbrise sorgt für beachtliche Wellen. **23050 Pacific Coast Highway**

Santa Monica State Beach

(A/B 2) Mehr als drei Kilometer lang und von Palmen gesäumt, gehört dieser Strand nördlich des Santa Monica Piers zu den beliebtesten der Region. **Pacific Coast Highway**

BADEN & WANDERN

Malibu Creek State Park

(A 2) Nördlich der Las Virgenes Road vermitteln ein See, Wasserfälle und Wanderwege durch dichtes Grün Dschungelatmosphäre. **23050 Pacific Coast Highway**

RADFAHREN

Strandpromenade

(A 2) Ein 35 Kilometer langer asphaltierter Weg verbindet Will Rogers State Beach mit Torrance County Beach.

Venice Beach Promenade

(B 2) Eine Tour, auf der es jede Menge zu sehen gibt. Von Venice Beach führt der Weg am Strand entlang nach Hermosa Beach. Straßenkünstler, Surfer, Skateboarder – Menschen hat man bei dieser Tour immer im Blick. Fahrräder verleiht **Perry's Café and Rentals 1200 Pacific Coast Highway Tel. 310 458 3975 Bike Attack, 1501 Main Street Tel. 310 399 8783**

www.merian.de MERIAN 139

AKTIV

MERIAN | EXTRATOUR

Hinter hohen Hecken

Auf einer Bustour durch die Wohnviertel der Hollywood-Prominenz sieht man selten VIPs, dafür viele Zäune und dichtes Grün. Macht nichts: Die wahren Stars sitzen am Steuer und bieten eine gute Show

Wenn schon kein Star herausfährt, wird zumindest das Tor fotografiert: Zwischenstopp auf der Safari im Villendschungel

Michael Jackson ist tot, aber Lisa ist glücklich. Auf ihrer letzten »Movie Star's Homes Tour« war der Zugang zu Jacksons letztem Wohnort noch mit Polizeiband abgesperrt. Heute kann sie mit ihrem Pick-up-Bus durchfahren. Für 100 000 Dollar monatlich hatte der Popkönig das Anwesen gemietet, doch der Luxus lässt sich für uns zwölf Passagiere aus der großen Distanz nur erahnen. Ganz nah sind dafür die Paparazzi am Straßenrand, die ihre Kameras weg von den traurigen Fans auf uns richten. »Merkt euch die Adresse: 100 North Carolwood Drive!«, sagt Lisa in ihr Mikrofon. Bevor wir darüber nachdenken können, warum wir sie uns nach Jacksons Tod noch merken sollen, kurvt Lisa zur nächsten Promivilla. Davon gibt es hier viele, wir fahren mitten durch Beverly Hills, Bel Air und die Hollywood Hills, wollen eintauchen in die Glitzerwelt der Stars. Wollen berühmte Schauspieler sehen, am besten gleich nackt am Pool.
Deshalb sitzen wir an einem über 30 Grad heißen Sommertag in diesem Touristenbus, der so gar nichts Glamouröses hat. Wir sehen keinen Johnny Depp und keine Victoria Beckham weit und breit. Dafür einige Bauarbeiter, Gärtner – Promigärtner! – und Lisa. Unser Guide, jung, blond, charmantes Lächeln, ist großartig. Wenn sie nicht gerade von schnellen Schlitten abgelenkt wird oder wild hupend Feuerwehrmänner grüßt (»Hallo, süße amerikanische Helden!«), plappert sie über Stars und Villenpreise. Fünf Millionen Dollar würden die Häuser in dieser Gegend im Durchschnitt kosten, sagt sie. Ohne Lisa würden wir nur hohe Hecken und Zäune sehen, schicke Autos, Einfahrten mit kleinen, weißen Schildern der Überwachungsfirmen und Luxusvillen, die sich hinter Hügeln oder im Dickicht verstecken.
Mit Lisa sehen wir das Haus, in dem die Osbournes wohnten und sich für die MTV-Serie »The Osbournes« filmen ließen (Beverly Hills, 513 Doheny Road). Und erfahren, dass es schon damals rosa angestrichen war und nicht erst seit Christina Aguilera darin wohnt. Wir fahren vorbei am ehemaligen Wohnort von Elvis, wo das Hausschild immer noch von frischen Lippenstift-Kussmündern gereinigt werden muss, vorbei am neuen Haus von Tom Cruise, das er für 35 Millionen Dollar gekauft hat und auf dem eine riesige USA-Fahne weht. Die Beckham-Villa bekommen wir leider nicht zu sehen, die Straße ist nur für Anwohner zugänglich. Gut verhandelt, David und Victoria!
Wir lernen, dass Hollywood gerne vor der eigenen Tür filmt. »Halloween« entstand zum Teil in der Orange Grove Avenue, die tagsüber einfach keine Angst machen will. Auch das Greystone Mansion kommt uns bekannt vor. Vielleicht aus »Big Lebowsky«, »Batman« oder »Heat«? Gleich in Dutzenden Filmen ist das Haus zu sehen, das mit seiner pseudogotischen Architektur englischer anmutet als die meisten Gebäude in England. Natürlich müssen auch Promis ab und zu mal aus dem Haus. »Letzten Montag«, schwärmt Lisa vor der Adresse 487 St. Pierre Road in Bel Air, »fuhr hier Marc Anthony aus der Einfahrt, und Jennifer Lopez hat aus dem Auto gewinkt!« Wir haben die Hoffnung schon aufgegeben. Doch dann, an einem Aussichtspunkt, gruppieren sich mehrere schöne, junge Damen um einen älteren Herrn, lassen sich mit ihm fotografieren. Ein Star! Lisa wird nervös, versucht fiebrig herauszufinden, wer es ist. Vergebens: Den einzigen potenziellen Star, den wir auf unserer Tour sehen, kennt sie nicht.

Star Line Tours (J 4) 6925 Hollywood Blvd. Tel. 1800 959 3131, www.starlinetours.com *39 $, tgl. alle 30 Min. Auf Wunsch auch Abholung im Hotel. Details zur Route auf der Rückseite des herausnehmbaren MERIAN-Faltplans.* Red Line Tours (K 4) 6773 Hollywood Blvd., Tel. 323 402 1074, www.redlinetours.com *24,95 $. Bei der »Hollywood Behind-the-Scenes«-Tour geht es zu Fuß zu berühmten Schauplätzen und Gebäuden der Filmgeschichte*

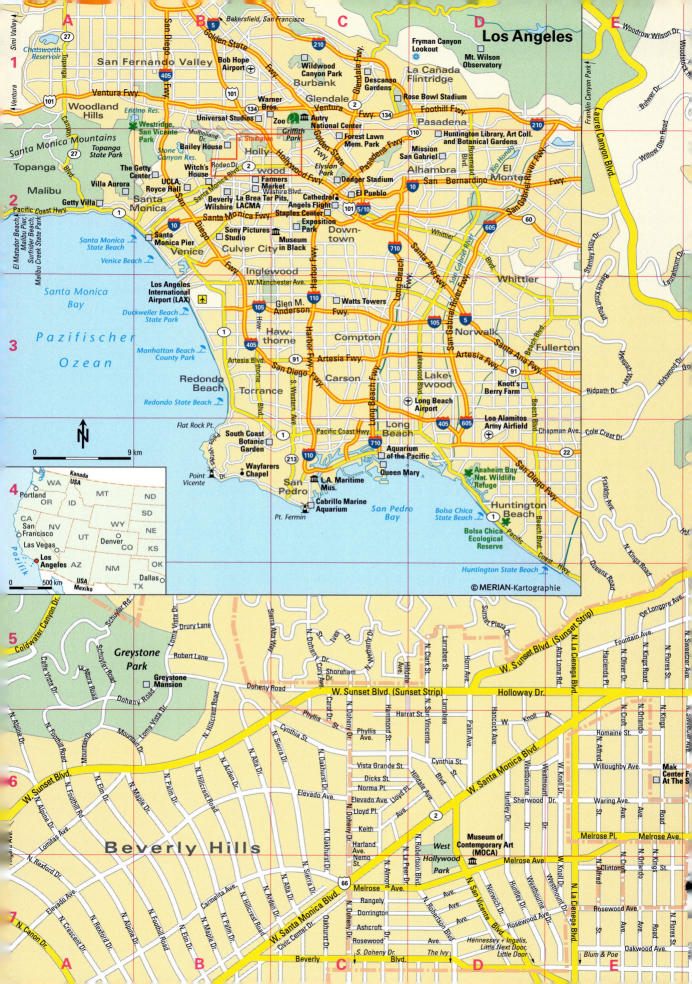

GUT ZU WISSEN

um of Art (www.lacma.org) zahlen Besucher ab 17 Uhr einen freiwilligen Beitrag, jeden zweiten Freitag im Monat ist der Eintritt frei. Das Getty-Museum (www.getty.edu) verlangt keinen Eintritt. Gratis-Karten für TV-Shows sind unter www.audiences unlimited.com zu finden. Mit dem Hollywood City Pass gibt es ermäßigte Karten für vier berühmte Sehenswürdigkeiten, u.a. Hollywood Museum und Kodak Theatre. Der Pass kostet 59 $ (Kinder 39 $) und gilt neun Tage. www.citypass.com

Konsulate
Deutschland
6222 Wilshire Blvd., Suite 500, Tel. 323 930 2703
Österreich
11859 Wilshire Blvd., Suite 501, Tel. 310 444 9310
Schweiz
11766 Wilshire Blvd., Suite 1400, Tel. 310 575 1145

Notruf
911, für Krankenwagen, Polizei und Feuerwehr

Telefonieren
In L.A. gibt es »area codes«:
Hollywood: 323
Downtown: 213
Pasadena: 626
Beverly Hills, Westwood, Santa Monica: 310
Long Beach: 562
San Fernando Valley: 818
Beim Anruf vom einen zum anderen Bezirk muss die 1 vorgewählt werden.

Stadtspaziergänge
Wer **Kulturelles in Downtown** erkunden möchte, sollte seinen Spaziergang an der Ecke Temple und Hill Street beginnen. Die Temple Street entlang geht es zur Cathedral of Our Lady of the Angels. Danach links die Grand Avenue hinunter zum Music Center. Weiter südlich ist die Walt Disney Concert Hall nicht zu übersehen. Regelmäßig werden dort Führungen angeboten. Am Ende der Tour bietet sich ein Besuch des Museum of Contemporary Art an. Einen **Museumsspaziergang** beginnt man am besten am Wilshire Boulevard im Peter-

sen Automotive Museum. Es hat eine Sammlung seltener und sehenswerter Fahrzeuge. Weiter geht es ostwärts zum Los Angeles County Museum (LACMA). Ganz in der Nähe liegt das George C. Page Museum, das Fossilien und Nachbildungen ausgestorbener Tiere zeigt. Ebenfalls in der Nähe: das Craft and Folk Art Museum mit sehr schönen Souvenirläden. **Geführte Stadttouren** zu Fuß veranstaltet www.redlinetours.com Wer es bequemer möchte, findet **Bustouren** unter www.starlinetours.com, auch zu den Villen der Stars.

Unterwegs
Die MTA unterhält ein großes Bus- und Bahn-Netz. Der Basis-Tarif beträgt 1,25 $, ein Metro Day Pass kostet 5 $. Die U-Bahn bzw. Stadtbahn hat nicht so viele Haltestellen, dafür ist man schneller. Die **Metro Red Line** bedient Hollywood (www.mta.net). Eine Alternative sind die **DASH-Busse**, die durch

Hollywood fahren, ein Ticket kostet 25 Cent. Der **Holley Trolley** fährt u.a. auf dem Hollywood und Sunset Boulevard, alle zwölf Minuten für 1 $ (www.ladottransit.com). **Taxis** müssen telefonisch bestellt werden. Unter www.taxicabsla.org gibt es eine Übersicht der Taxiunternehmen in L.A. Der Fahrer eines **Mietwagens** muss in der Regel älter als 25 Jahre sein. Eine gute Übersicht und Mietwagen-Vergleiche sind unter www.billiger-mietwagen.de zu finden.

Verkehr
L.A. ist eine autoverrückte Stadt. Beim Fahren bitte beachten: 1. In der Stadt liegt die Höchstgeschwindigkeit bei 35 mph, oft nur bei 25 mph. 2. An roten Ampeln ist immer zu stoppen, trotzdem darf rechts abgebogen werden. 3. Bei Kreuzungen mit vier Stoppschildern gilt: Wer zuerst kommt, hat Vorfahrt.

MERIAN | **SCHLAUER IN 20 SEKUNDEN**

Los Angeles bebt: Nahe Hollywood schiebt sich die Pazifische Platte an der Nordamerikanischen vorbei. In den letzten **31 Millionen** Jahren soll sich die San-Andreas-Verwerfung um **450 km** von Süd nach Nord bewegt haben, jährlich um etwa **6 cm**. Die gesamte Verwerfung ist rund **1300 km** lang. Während in einigen Regionen der Boden fast ständig in leichter Bewegung ist, kracht es anderswo selten aber heftig. Das San-Francisco-Beben **1906** ließ die Erde bis zu **6 m** auseinander klaffen.

ZEITLEISTE | **300 JAHRE GESCHICHTE**

			L.A. im Wagner-Fieber: Im Rahmen des Ring Festivals soll von April bis Juni »Der Ring der Nibelungen« aufgeführt werden
d wird egister enom-n ein-er vor verden		Hollywood feiert seinen 120.Geburtstag	
1985	**2001**	**2007**	**2010**
of veiht. t rin	Eröffnung des Einkaufs- und Unterhaltungskomplexes Hollywood & Highland Center mit dem Kodak Theatre, dem neuen Veranstaltungsort der Oscar-Verleihung		

GUT ZU WISSEN

Auskunft
Hollywood & Highland Center
6801 Hollywood Blvd.
Tel. 323 467 6412
www.hollywoodandhigh
land.com

LA Inc. The Los Angeles Convention and Visitors Bureau
333 S. Hope Street
Tel. 213 236 2300
www.discoverlosangeles.com

West Hollywood
8687 Melrose Ave., Suite M-38, Tel. 310 289 2525
www.visitwesthollywood.com

Einreisebestimmungen
Deutsche, Schweizer und Österreicher nehmen am »Visa Waiver Program« teil und dürfen bis zu 90 Tage ohne Visum in den USA bleiben. Dafür muss eine Einreiseerlaubnis mindestens 72 Stunden vor Abreise unter https://esta.cbp.dhs.gov eingeholt werden. Künftig soll die Anmeldung zehn Dollar

Konzerterlebnis Hollywood Bowl: Tickets schon ab einem Dollar

kosten. Der reguläre, maschinenlesbare Reisepass muss für die Aufenthaltsdauer gültig sein. Ab Oktober 2005 ausgestellte Pässe benötigen ein digitales Foto, Pässe ab Oktober 2006 einen digitalen Chip.
www.us-botschaft.de

Hollywood Low Budget
Für Flüge nach L.A. lohnt der Preisvergleich im Internet. Tipp: Bei Air New Zealand hat man in der Economy Class etwas mehr Platz. Beste Direktverbindung: Lufthansa.

Wen das Umsteigen in den USA nicht stört: Delta Air Lines. Der Los Angeles International Airport (LAX, www. lawa.org) liegt 20 Kilometer südwestlich des Zentrums. Am preiswertesten fährt man mit den Bussen und Bahnen der Metropolitan Transportation Authority (MTA, www.mta.net) dorthin. Außerdem gibt es Kleinbusse, die die Passagiere u.a. nonstop zur Union Station bringen, z. B. FlyAway für 7 $. Im Los Angeles County Muse-

---

MERIAN | DO AND DON'T

DO
... **dress casual** »Lässig kleiden«, alles von Jeans bis Designerstück ist erlaubt. ... **valet parking** Geben Sie den Schlüssel ab, lassen Sie den Parkwächter Ihr Auto abstellen. Die Polizei kennt bei Falschparkern keine Gnade. ... **good** Auch bei Kleinigkeiten sollten Sie Trinkgeld geben.

DON'T
... **drink alcohol in public** Alkohol in der Öffentlichkeit zu trinken ist verboten. ... **smoke** Rauchen ist in L.A. total out – auch an den Stränden. ... **go to South/East L.A.** Orte, die besser zu meiden sind. ... **go out before 9 pm** Es sei denn, man möchte im Club allein auf der Tanzfläche stehen.

1916	1922	1923	1929	ab 1950	1960
	Im Hollywood Bowl werden die ersten Konzerte aufgeführt. Die Zuhörer sitzen dabei noch auf einfachen Holzbänken	Der Schriftzug »Hollywoodland« wird auf dem heutigen Mount Lee errichtet	Im Roosevelt-Hotel findet die erste Verleihung der Academy Awards statt. Erster Preisträger: der deutsche Schauspieler Emil Jannings		Hollywood Boulevar in das »National R of Historic Places« auf men. Dadurch soll zelne, bedeutende Häus dem Verfall geschützt
	Paramount-Pictures eröffnet ein Studio an der Marathon Street. Es ist eines der »Big Five« (Paramount, RKO, 20th Century Fox, Metro-Goldwyn-Mayer und Warner Bros.), die Filme produzieren und eigene Kinos in Hollywood besitzen		Hollywood verändert sich: Das »Paramount-Urteil« verlangt die Trennung der Studios von ihren Kinoketten. Das Fernsehen wird zur harten Konkurrenz. Die goldene Ära der Filmindustrie ist vorbei		Der berühmte »Hollywood Walk Fame« wird einge Der erste Stern ge an die Schauspiele Joanne Woodward

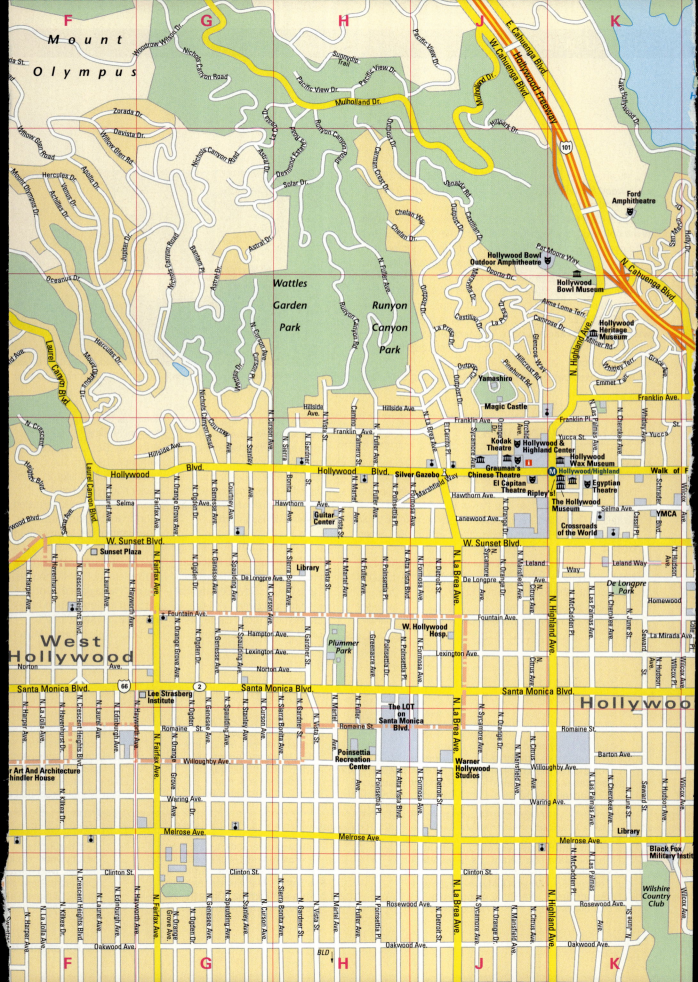

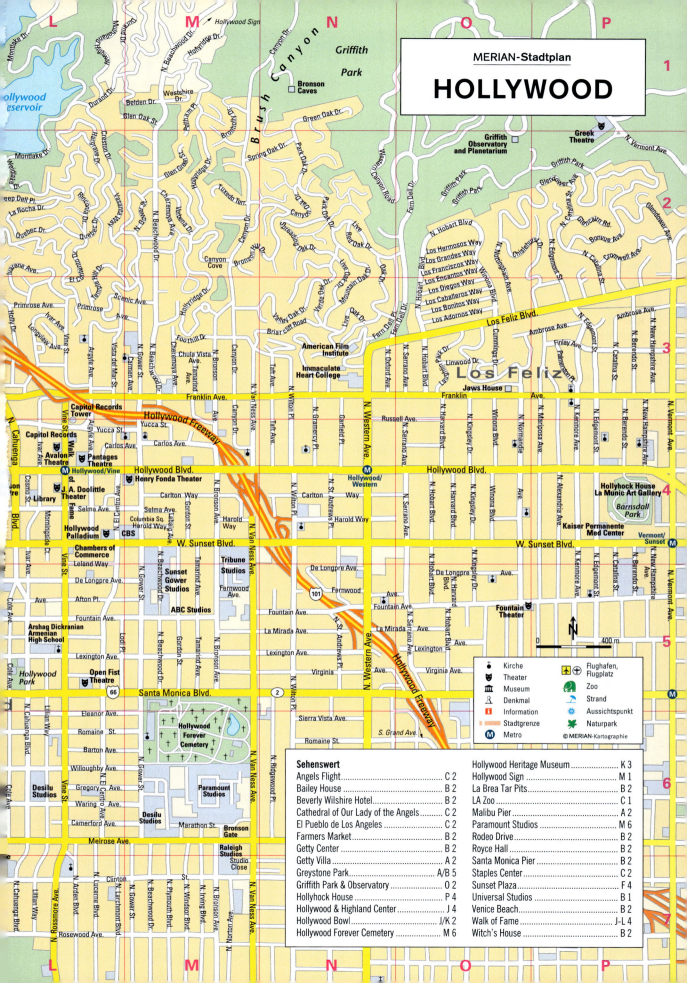

GESCHICHTE

MERIAN | RÜCKBLICK

Amerikanischer Traum
Zwischen Hollywood und dem San Fernando Valley liegt die Geburtsstätte des Golden State

Der Hollywood Freeway ist eine der wichtigsten Verkehrsadern von Los Angeles, er verbindet die Stadt mit dem San Fernando Valley. Täglich benutzen tausende Pendler den Freeway, aber nur wenige wissen, dass sie sich dabei auf den Spuren ihrer Vorfahren befinden.
Die ersten Siedler im heutigen L.A. County waren Tongva-Indianer. Sie nannten das Land »cahuenga« – frei übersetzt »Ort des Berges«. Der Cahuenga-Pass war damals nur ein kleiner Fußpfad, der ihre Dörfer am östlichen Ende der Santa-Monica-Berge verband. Die Spanier erreichten das Cahuenga-Tal 1769, damit begann die Bekehrung der »unwissenden Indianer«. Zwanzig Jahre später kam es zur Gründung der Mission San Fernando Rey de Espana. Der Cahuenga-Pass wurde Teil des Camino Réal, einer Straße, die die 21 spanischen Missionsstationen miteinander verknüpfte.
1821 erklärte Mexiko seine Unabhängigkeit von Spanien, damit wurde auch Alta California zur mexikanischen Provinz. Doch zwischen den in Kalifornien geborenen Californios und den aus weiter Ferne berufenen, mexikanischen Gouverneuren kam es immer wieder zu Konflikten. So wurde das Cahuenga-Gebiet 1831 und 1845 Schauplatz zweier Kämpfe, bei denen die Verluste auf beiden Seiten wenigstens überschaubar blieben: zwei

1847 schließen die USA und Mexiko den Vertrag von Cahuenga ab. Kalifornien wird Teil der Vereinigten Staaten

Menschen, ein Pferd und ein Maultier. Die Californios siegten beide Male und setzten einheimische Gouverneure ein, die von den Mexikanern aber nach kurzer Zeit wieder entmachtet wurden.
Unabhängig wurde Kalifornien erst 1847 durch den Vertrag von Cahuenga, der den Krieg zwischen Mexiko und den USA um Kalifornien beendete. Als 31. Mitgliedsstaat trat Kalifornien den Vereinigten Staaten bei und ließ den Traum von einem Amerika »from sea to shining sea« wahr werden. Die Hütte im Campo de Cahuenga, in der die Parteien den Vertrag unterzeichneten, wurde damit zur Geburtsstätte des US-Bundesstaats Kalifornien. Ab Frühjahr 2010 kann der rekonstrurierte Bau besichtigt werden.
Campo de Cahuenga, 3919 Lankershim Blvd., bei Universal (B 1), Tel. 818 762 3998, www.campodecahuenga.com

---

ZEITLEISTE | 300 JAHRE HOLLYWOOD

bis 18. Jh.	1781	1853	1887	1900	1903	1911	1914
Die Tongva leben im heutigen L.A.County, das Indianervolk treibt Handel und ist durchaus wohlhabend	Spanischstämmige Mexikaner gründen das Dorf Los Angeles	Im Cahuenga-Tal errichtet Don Tomas Urquidez das erste Haus. Er ist der erste spanische Bewohner des heutigen Hollywood	Hollywood zählt ca. 500 Einwohner, eine Kolonie von Prohibitionisten mit einer der größten presbyterianischen Kirchen des Landes	Das Cahuenga-Tal wird von mehreren Farmen bewirtschaftet. Grundstücksmakler Horace H. Wilcox kauft rund 48 Hektar Land, parzelliert es und entwirft einen Siedlungsplan. Der Name dafür: »Hollywood«	Hollywood lässt sich als selbstständige Stadt registrieren	Große Probleme mit der Wasserversorgung zwingen Hollywood, sich Los Angeles anzuschließen. Das er Studio, Nestor Company, wird eröffnet. Viele Filmschaffende kom nach. Bald tauchen Schilder mit Au schriften wie »No Dogs, no actors«	Weitere Filmprodu entdecken Hollywo allen voran Cecil B der mit »The Squa Man« Hollywoods Spielfilm dreht

MEDIEN

A Hedonist's Guide to Los Angeles
Andrew Stone, Hg2 2009, 192 S., 16,99 € Für anspruchsvolle Reisende. Der englischsprachige Guide stellt die wichtigsten Stadtteile vor und widmet sich intensiv den Themen Essen, Trinken, Hotels und Kultur. Berücksichtigt wird nur, was stilvoll und hip ist.

Barfuß in Hollywood: Mein Leben inmitten der Stars
Frances Schoenberger, Fischer Tb 2007, 255 S., 8,95 € Egal ob George Clooney oder Sharon Stone – Frances Schoenberger hat sie alle interviewt, ist mit vielen Filmgrößen befreundet und selbst prominent geworden: Die deutsche Journalistin, seit 35 Jahren in Hollywood, beschreibt ihr Leben mit den Stars.

Frommer's Los Angeles 2010
Matthew R. Poole, Wiley 2009, 352 S., ca. 15,90 € Aktuell und vor Ort recherchiert: Preise und Öffnungszeiten, Hotels und Restaurants, Spaziergänge, Insider-Tipps (auf Englisch).

Inside Hollywood
Barry Levinson, DVD 2009, 101 Min., 12,95 € Eine filmische Satire über die Traumfabrik Hollywood mit Stars wie Robert De Niro, Sean Penn und Bruce Willis. Viel Klischee mit ebenso viel Witz!

Los Angeles Encounter
Amy C. Balfour, Lonely Planet 2009, 208 S., 8,99 €

Außen klein, innen ganz groß: Der englischsprachige Reiseführer bietet eine komplette Übersicht über Los Angeles, stellt die Sehenswürdigkeiten, Restaurants und die Kulturszene der einzelnen Viertel vor. Mit nützlichen Autorentipps und 14 Stadtkarten.

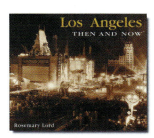

Los Angeles. Then and now
Rosemary Lord, Thunder Bay Press 2007, 144 S., 8,99 € Ein direkter Vergleich in Bildern. Insgesamt zeigen 140 Fotos die Entwicklung vom historischen zum heutigen Los Angeles. Was hat sich verändert, was blieb erhalten?

Spaziergänge durch das Hollywood der Emigranten
Cornelius Schnauber, Arche 2001, 166 S., 14,80 € Deutsche und österreichische Emigranten arbeiteten in den vierziger Jahren für die Hollywood-Studios. Darunter Größen wie Bertolt Brecht, Franz Werfel oder Fritz Lang. Kenntnisreich erzählt.

Top 10 Los Angeles
Catherine Gerber, Dorling Kindersley 2008, 160 S., 9,95 € Das Wichtigste auf einen Blick. Anschaulich bebildert und übersichtlich gestaltet. Besprochen werden die einzelnen Stadtteile, die geschichtliche Entwicklung und das kulturelle Angebot. Mit separatem Stadtplan.

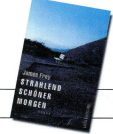

MERIAN | AUSGEWÄHLT

Wie Licht die Motten
… zieht L.A. die Glücksuchenden an. Eine Collage über die facettenreiche Stadt und ihre Bewohner

Gleich vier Geschichten erzählt dieser Roman. Da ist das Paar aus Ohio, das sich in L.A. eine bessere Zukunft erhofft, und der insgeheim schwule Hollywood-Star Amberton; Esperanza, das dicke Hausmädchen, und der Penner Old Man Joe. Jeder von ihnen erlebt ein anderes Los Angeles. Dazwischen immer wieder Listen von Fakten und Legenden über L.A. – lesenswert!

Strahlend schöner Morgen
James Frey, Ullstein 2009, 592 S., 22,90 €

Sie haben es sich verdient.
Urlaub für die Sinne – in den neuen Sensimar Hotels & Resorts. Hier lebe ich auf, spüre, wie mein Körper sich entspannt. Bei persönlichem und individuellem Service, bei sanften Sport- und Wellnessangeboten, bei kulinarischen Genüssen, bei soviel Freiraum und Weitläufigkeit, wie ich es mag – all das in meinem Haus am Meer. Mehr Infos finden Sie in Ihrem Reisebüro mit dem TUI Zeichen oder unter **www.sensimar.com**.

DAS NÄCHSTE MERIAN **IM HANDEL AB 17. DEZEMBER 2009**

Istanbul

Nur 40 Kilometer von Istanbul: Kilyos am Schwarzen Meer

Grandiose Stadtlandschaft: Blick vom Topkapı-Palast über das Goldene Horn

Geheimnisvolles Labyrinth: der Harem im Sultanspalast

Das Europäische Viertel Wo Istanbul verrückt spielt **Orhan Pamuks Wunderkammer** Der Nobelpreisträger baut ein Museum der Liebe **Die faszinierende Welt des Harem** Von Lust und Frust der Frauen im Serail **Alle Schätze des Orients** Wege durch die alte Handelswelt der Basare **Immer an der Mauer entlang** Spaziergang durch die große Geschichte von Byzanz

Zuletzt erschienen

Juni 2009

Juli 2009

August 2009

September 2009

Oktober 2009

November 2009

In Vorbereitung:
Thailand, Steiermark,
Toskana und Elba
Abotelefon:
040 87973540
oder www.merian.de

148 MERIAN www.merian.de